तेनाली राम

गंगा प्रसाद शर्मा

AF798170

पुस्तक महल®

प्रकाशक

पुस्तक महल®, नई दिल्ली

प्रशासनिक कार्यालय एवं विक्रय केन्द्र

J-3/16, दरियागंज, नई दिल्ली-110002
☎ 23276539, 23272783, 23272784 • फैक्स: 011-23260518
E-mail: info@pustakmahal.com • Website: www.pustakmahal.com

शाखाएं
बंगलुरू: ☎ 080-2234025 • **टेलीफैक्स:** 080-22240209
E-mail: pustakmahalblr@gmail.com
मुंबई: ☎ 022-22010941, 022-22053387
E-mail: unicornbooksmumbai@gmail.com

ISBN 978-81-223-1347-5

र संस्करण : 2022

मुद्रक: **Ar Emm International, Delhi.**

विषयसूची

परिचय

कृष्णदेव राय - तुकुब वंशीय महाराज कृष्णदेव राय, अपने बड़े भाई वीर नरसिंह की मृत्यु के पश्चात् राज्य की गद्दी पर बैठे। उनके बड़े भाई वीर नरसिंह ने मात्र चार वर्ष ही राज्य किया था। कृष्णदेव राय ने शासन की बागडोर संभालते ही सबसे पहले राज्य में फैले आंतरिक विद्रोह का सफाया किया, सामंतों को दबाया, फिर दक्षिणी मैसूर में उम्मतूर के मुस्लिम सरदार को (सन् 1510 में) परास्त किया। बहमनी साम्राज्य जब तक पांच टुकड़ों में विभक्त हो चुका था, उस पर धावा बोला। सन् 1512 में बीजापुर पर हमला किया और रायचूर का दोआब क्षेत्र अपने अधीन कर लिया। तदन्तर उड़ीसा के राजा प्रताप रुद्र गजपति पर आक्रमण कर उससे उदयगिरि, कोन्दबिंदु तथा कोंदपकिल के गढ़ छीन लिए। उड़ीसा नरेश ने वह दक्षिण का सारा भू-भाग जो उसने पहले छीन लिया था, कृष्णदेव राय को लौटा दिया। कृष्णदेव राय के साथ उसने अपनी बेटी का विवाह करके उसके साथ संधि कर ली।

बीजापुर के सुल्तान इस्माइल आदिलशाह ने रायचूर के दोआब क्षेत्र पर हमला किया। लेकिन (सन् 1520 में) वीर कृष्णदेव राय ने न सिर्फ उसे परास्त किया बल्कि उसका पीछा कर उसके गुलबर्गा (बीदर) के दुर्ग पर भी कब्जा कर लिया। कृष्णदेव राय ने अपने साम्राज्य को बहुत दूर-दूर तक फैलाया। पश्चिम में कोंकण, पूर्व में विशाखापटनम तथा दक्षिण में कन्याकुमारी तक उसने अपने साम्राज्य का विस्तार किया।

उसके समय में प्रजा की भलाई के लिए अनेक कार्य किए गए। अनेक तालाब बनवाए गए, मंदिरों का निर्माण हुआ, विजयनगर का 'हजारा राम स्वामी कृष्ण मंदिर' उसी के द्वारा निर्मित कराया गया था। वह स्वयं एक लेखक भी था। आयुक्त माल्यादां का तेलगू काव्यरूप उसी की कृति है। उसकी सभा में आठ बड़े विद्वान रहते थे। जिन्हें अष्ट दिग्गज कहा जाता था। वह वैष्णव धर्म का अनुयायी था। लेकिन वह दूसरे धर्मों का भी सम्मान

करता था। जितना वह विनम्र और मृदुभाषी था, उतना ही क्रोधी भी था। उसने 'चायल्लपुर' नामक एक नवीन नगर भी बसाया था। राज्य में उसने अनेक 'मंडपम' तथा 'गोपुरम' बनवाए तथा विजयनगर को सुन्दर बनवाया था। उसके समय में ललित कलाओं तथा साहित्य विशेषकर तेलगू साहित्य की बहुत प्रगति हुई। वह कलाकारों तथा विद्वानों का बहुत सम्मान करता था और उन्हें राजकीय संरक्षण देता था। उसके समय में विजयनगर शान्ति, व्यवस्था-शक्ति और समृद्धि की चरम सीमा तक पहुँच गया था। 'बाबर' ने भी अपनी आत्मकथा में कृष्णदेव राय को भारत का सर्वाधिक शक्तिशाली शासक बताया है।

तेनालीराम - कृष्णदेव राय के अष्ट दिग्गजों में से एक थे तेनालीराम। महान् राज विदूषक, गंभीर से गंभीर विषय को अपने परिहास द्वारा हल कर देना उनका विशेष गुण था। तेनालीराम का जन्म गुन्टूर जिले के गलीपाण्डु नामक गांव में हुआ था। उनका वास्तविक नाम रामलिंग था। पिता का नाम ईश्वर प्रसाद रमैया। तेनालीराम के जन्म के तीसरे ही दिन इनके पिता की मृत्यु हो गई थी। इनके मामा अपनी बहन और भान्जे तेनालीराम को लेकर अपने गांव 'तेनाली' चले आये, जहाँ पर रहकर ही तेनालीराम की परवरिश हुई। ननिहाल में रहने के कारण ही इनका नाम पड़ा - तेनालीराम।

तेनालीराम आरम्भ से ही बहुत शरारती थे। जब वह पन्द्रह वर्ष के थे, तभी उनके मामा की मृत्यु हो गई। गुजर-बसर के लिए उनकी माता को दूसरों के घर काम करना पड़ा। इस तरह उनकी माता ने आगे उनका लालन-पालन किया और दूर के अपने एक सम्बन्धी की लड़की के साथ उनका विवाह करा दिया। उनकी पत्नी का नाम था - मंगम्मा। मंगम्मा से उन्हें एक पुत्र की प्राप्ति हुई। जब गाँव में रहना मुश्किल हो गया तो वह भटकते हुए विजयनगर चले आए और अपनी विशिष्ट शैली की हास्य पटुता से राजा कृष्णदेव राय के अष्ट दिग्गजों में अपना नाम सुरक्षित कर लिया।

1

तेनाली की ईमानदारी

तेनाली की लोकप्रियता से अन्य दरबारी ईर्ष्यालु हो गए थे। वजह थी राजा कृष्णदेव का तेनाली को विशेष दर्जा देना। एक बार सभी दरबारियों ने आपस में चर्चा कीं कि किसी तरह तेनाली को महाराज की नजरों में नीचा दिखाया जाए। इसके लिए सबने मिलकर एक योजना बनाई।

अगले दिन जब दरबार लगा तो सभी दरबारियों ने तेनाली के खिलाफ राजा के कान भरने शुरू कर दिए। एक मंत्री बोला – 'महाराज, आजकल तेनाली आपकी कृपा का फायदा उठाकर प्रजा को डरा धमकाकर बहुत धन एकत्रित कर रहा है।' राजा को उसकी बात पर विश्वास नहीं हुआ। राजा ने धमकाकर उसे बैठा दिया। अन्य दरबारी सहम गए, मगर वो भी कहाँ चुप रहने वाले थे। अगली सुबह सभी ने चाल चलकर एक गरीब किसान को दरबार में पेश कर दिया। उस किसान ने कहा – 'महाराज! तेनाली ने मुझसे काफी रकम ऐंठकर मेरे खेत में शाही नहर से सिंचाई का पानी दिलाने का वादा किया था, लेकिन न तो अब तक पानी आया है और न ही वो मेरे पैसे दे रहा है।' राजा ने उस किसान को तेनाली के खिलाफ कार्यवाही करने का आश्वासन देकर भेज दिया। सभी दरबारी अपनी चाल पर खुश थे। थोड़ी देर बाद तेनाली दरबार में आया तो राजा ने सभी के सामने तेनाली को किसान की बात की सच्चाई जानने के बारे में पूछा। तेनाली ने बहुत सफाई दी मगर कृष्णदेव राय ने तेनाली को दरबार से निकल जाने को कहा। तेनाली दुखी मन से घर पहुँचा। अगले दिन दरबार में एक सेवक तेनाली का खत लेकर आया।

तेनाली ने लिखा था- "महाराज, आपने मेरी देशभक्ति और ईमानदारी पर शक किया है। अब मेरे जीवन का क्या लाभ? अतः मैं आत्महत्या कर रहा हूँ। आप सदा सुखी रहें। अंतिम प्रणाम - आपका तेनालीराम।"

राजा खत सुनते ही तेनाली की याद में रोने लगे। सभी दरबारी, जिन्होंने तेनाली पर झूठे आरोप लगाए थे, वे भी तेनाली को ईमानदार कहने लगे। सभी मन ही मन खुश थे कि चलो तेनाली से पीछा छूटा। तभी दरबारियों में से एक साधारण-सा किसान भेस बदलकर राजा के सामने आ गया। वो तेनाली ही था। वो हाथ जोड़कर बोला - "महाराज, आपने और दरबारियों ने एक स्वर में मेरी ईमानदारी स्वीकार करके मुझे मरने से बचा लिया।' तेनाली को देखकर दरबारी सन्न और राजा प्रसन्न हो गए।

2

चमत्कारी बाबा

महाराज कृष्णदेव राय के दरबार में एक चमत्कारी बाबा हाजिर हुए। उन्होंने महाराज की तारीफ में ऐसे पुल बाँधे कि महाराज उसके दीवाने हो गए।

कुछ दिनों पश्चात् महाराज ने तेनाली से कहा – तेनाली, आज हमें एक ऐसी जगह ले चलो जहाँ हम पहले कभी नहीं गए। 'महाराज ऐसी जगह तो मैं भी आपको ले जाना चाहता था। अच्छा हुआ जो आपने ही

इच्छा प्रकट कर दी। लेकिन हमें ऐसी जगह पूरी सेना के साथ जाना होगा।' तेनाली ने कहा।

'सेना के साथ! महाराज ने चौंक कर पूछा।

जी महाराज! वो जगह ही ऐसी है, तेनाली बोला।

'तो ठीक है, कल हम सेना सहित भ्रमण पर चलेंगे। कृष्णदेव ने सेनापति को आदेश दे दिया।

अगली सुबह तेनाली और सेना सहित महाराज अपने सुसज्जित रथ में भ्रमण को निकल पड़े। आज तेनाली उन्हें नए-नए रास्तों से लेकर जा रहा था। यह सब देखकर महाराज कृष्णदेव बहुत प्रसन्न हो रहे थे। हरे-भरे जंगलों से होता हुआ काफिला पहाड़ी रास्तों पर आ गया।

तभी तेनाली ने गुफा पर बने एक पत्थर को लोहे की छड़ी से ठोका। थोड़ी देर बाद वो पत्थर सरका और एक बाबा बाहर निकला। उसे देखते ही महाराज चौंक पड़े। अरे ये तो वही चमत्कारी बाबा हैं जो कुछ दिन पहले हमारे महल में आए थे। ये यहाँ क्या कर रहे हैं?

''ये चमत्कारी बाबा नहीं, बल्कि पड़ोसी देश के जासूस हैं। यहाँ इस गुफा में इन्होंने भारी सेना इकट्ठी कर रखी है। जब यह दरबार में आपकी तारीफ करके निकला तो इसकी हकीकत जानने के लिए मैंने गुप्तचर इसके पीछे लगा दिए। इस छुपी हुई सेना से यह हमारे राज्य पर आक्रमण करने की ताक में था।'' तेनाली ने विस्तार से बताया।

महाराज के आदेश पर सैनिकों ने उस गुफा में छिपी सेना को कैद कर लिया। महाराज कृष्णदेव राय ने तेनाली का आभार जताते हुए उसे अपने गले लगा लिया और राजमहल लौट आए।

3

दशहरे की झांकी

महाराज कृष्णदेव राय सभी उत्सवों और त्योहारों को बड़े हर्षोल्लास के साथ मनाते थे। एक बार दशहरा उत्सव होने पर उन्होंने सभी दरबारियों को आदेश दिया कि वे सभी दशहरा मैदान पर अपनी-अपनी झांकी सजाएं। जिसकी झांकी सर्वश्रेष्ठ, सत्य के निकट और उद्देश्यपरक होगी उसे पुरस्कार मिलेगा।

सभी दरबारी अपने-अपने विचारानुसार झांकी बनाने लगे। तेनालीराम आराम से घर पर खाता-पीता और लम्बी चादर तानकर सोता। सबने सोचा इस बार तो तेनाली को पुरस्कार नहीं मिलेगा।

दशहरे से एक दिन पूर्व तेनाली अपने पुत्र को लेकर झांकी बनाने निकला। सबने सोचा- हमने कई दिनों की मेहनत से सुन्दर झांकियां बना डाली, अब भला तेनाली एक दिन में क्या तीर मार लेगा।

अगले दिन प्रातः दशहरा मैदान सुन्दर-सुन्दर झांकियों से सजा हुआ था। सभी झांकियां एक से बढ़कर एक प्रेरणादायक थीं। महाराज कृष्णदेव राय ने सभी झांकियों को पूरे ध्यान से देखा और मुक्त कंठ से उनकी प्रशंसा की। तभी महाराज ने पूछा- तेनाली की झांकी कहाँ है?

वो उस टीले पर तेनाली की झांकी लगी है, महाराज! एक दरबारी ने बताया।

कृष्णदेव सैनिकों सहित टीले पर पहुँचे तो देखा कि एक टूटी-फूटी झोपड़ी बनाकर उसके बाहर एक बुत खड़ा करके तेनाली ने झांकी बनाई हुई है। कुछ देर तक तो महाराज कृष्णदेव उस झांकी में छिपे संदेश को समझने का प्रयास करते रहे मगर जब उनकी और दरबारियों की समझ में कुछ नहीं आया तो उन्होंने तेनाली से उसका अर्थ पूछा।

महाराज! इस झांकी का क्या अर्थ है- इस बारे में यह बुत स्वयं बोलेगा, तेनाली बोला। सबने सोचा- तेनाली अति आत्मविश्वास में पागल हो गया है, भला बुत भी कभी बोलते हैं।

तभी बुत ने बोलना शुरू किया, "महाराज, मैं उसी रावण की छाया हूँ जिसके मरने की खुशी में आप यह उत्सव मना रहे हैं। मैं एक बार मरा था मगर अब मैं हर रोज जिंदा होता हूँ, भूख में, गरीबी में, चोरी-डकैती, लूट-पाट में, हर जगह मैं ही नजर आता हूँ। अब मुझे कोई नहीं मार सकता।" यह कहकर बुत जोर-जोर से हँसने लगा।

"ठहर दुष्ट, मैं अभी तेरे टुकड़े-टुकड़े कर जमीन पर बिछा देता हूँ।" महाराज क्रोध से बोले। मेरे मरने से क्या भूख, गरीबी, चोरी-डकैती सब मर जायेंगे? क्या आपकी प्रजा के दुख दूर हो जायेंगे? यह कहकर एक बच्चा बुत से बाहर निकल आया। यह तेनाली का पुत्र था।

महाराज ने तेनाली को गले लगाकर कहा, सच में तुम्हारी झांकी ने मुझे सबसे अधिक प्रभावित किया है। तुम्हारी झांकी के कारण मुझे प्रजा के दुखों का ज्ञान हुआ है। तुम ही 'सर्वश्रेष्ठ झांकी' के पुरस्कार के सच्चे हकदार हो। सभी दरबारी एक बार फिर अपना-सा मुंह लेकर विजेता तेनाली को जाते देख रहे थे।

4

दिन का उजाला

दीपावली पास थी। राजा कृष्णदेव राय चाहते थे कि इस बार की दीपावली कुछ विशेष हो। इसके लिए चर्चा जोरों पर थी कि क्या किया जाए जो उत्सव यादगार बन जाए। राजपुरोहित ने कहा, ''महाराज, विशाल धार्मिक कथा का आयोजन किया जाए।''

एक मंत्री ने कहा - महाराज, खेल उत्सव आयोजित करें। किसी ने कहा - जादूगरों का करतब रखा जाए। राजा ने तेनाली से पूछा तो

वो बोले – महाराज रात के दीपक की रोशनी से मन प्रसन्न हो जाता है। यदि दिन का उजाला भी दीपों से हो जाए तो इस बार दीपावली यादगार हो जाए।

"हम कुछ समझे नहीं।" महाराज ने आश्चर्य से पूछा। महाराज, घर के दीपक होते हैं बच्चे। इसलिए इन बच्चों के लिए ऐसा मेला लगाया जाए जिसका हर प्रबंध बच्चों के हाथों में हो। वो अपनी मर्जी से जो चाहे करें। बड़े उसमें हस्तक्षेप न करें। बच्चों का राज हो। बड़े भी मेले में जाएं, मगर बच्चे बनकर, तेनाली ने कहा।

इससे तो बड़ा मजा आएगा। कृष्णदेव भी उत्साह से बोले। जी महाराज! और सभी बच्चों को आपकी ओर से पुरस्कार भी मिलें। राज्य के खेल मंत्री ने कहा – तो ठीक है। इस बार घर के दीपक यानि बच्चे ही दीपावली की तैयारी करेंगे। राजा ने सहमति दी।

राज्य के बच्चों की तैयारी से मेला भरपूर मनोरंजक व रंगीन साबित हुआ।

महाराज ने तेनाली को देखकर कहा – तुम्हारे सुझाव से ही हमें अपने दिन के उजाले की ताकत पता चली। तेनाली ने मुस्कराकर राजा का धन्यवाद किया।

5

पाप का प्रायश्चित्त

तेनालीराम ने जिस कुत्ते की दुम सीधी कर दी थी, वह बेचारा कमजोरी की वजह से एक दो दिन में मर गया। उसके बाद अचानक तेनालीराम को जोरों का बुखार आ गया। एक पंडित ने घोषणा कर दी कि तेनालीराम को पाप का प्रायश्चित्त करना पड़ेगा, नहीं तो उन्हें इस रोग से छुटकारा नहीं मिल पाएगा।

तेनालीराम ने पंडित से इस पूजा में आने वाले खर्च के बारे में पूछा। पंडित जी ने उन्हें सौ स्वर्ण मुद्राओं का खर्च बताया।

लेकिन मैं इतनी स्वर्ण मुद्राएं कहाँ से लाऊंगा? तेनाली ने पंडित जी से पूछा।

पंडित ने कहा, 'तुम्हारे पास जो घोड़ा है उसे बेचने से जो रकम मिले, वह तुम मुझे दे देना।' तेनालीराम ने शर्त स्वीकार कर ली। पंडित जी ने पूजा-पाठ कर तेनालीराम के ठीक होने की प्रार्थना की। कुछ दिनों में तेनालीराम स्वस्थ हो गए।

वे जानते थे कि प्रार्थना के असर से ठीक नहीं हुए हैं, बल्कि दवा के असर से ठीक हुए हैं। तेनालीराम पंडित जी को साथ लेकर बाजार गए। उनके एक हाथ में घोड़े की लगाम और दूसरे हाथ में एक टोकरी थी।

उन्होंने बाजार में जाकर घोड़े की कीमत एक आना बताई और कहा, 'जो भी इस घोड़े को खरीदना चाहता है, उसे यह टोकरी भी

लेनी पड़ेगी, जिसका मूल्य है एक सौ स्वर्ण मुद्राएं। इस कीमत पर वे दोनों चीजें एक आदमी ने झट से खरीद ली।

तेनालीराम ने पंडित जी की हथेली पर एक आना रख दिया, जो घोड़े की कीमत के रूप में मिला था। एक सौ स्वर्ण मुद्राएं उन्होंने जेब में डाल ली और चलते बने। पंडित जी कभी हथेली पर पड़े सिक्के को, तो कभी जाते हुए तेनालीराम को देख रहे थे।

6

तेनाली और राजपुरोहित

बात उस समय की है जब तेनाली अपने गांव में ही रहता था और विजयनगर के राजा कृष्णदेव राय की सेवा में नहीं था। उसने यह बात सुन रखी थी कि कृष्णदेव गुणीजनों की बहुत इज्जत करता है। उन्हें बड़े-बड़े कीमती पुरस्कार और राजदरबार में नौकरी भी देता है। तेनाली था तो बड़ा बुद्धिमान पर राजदरबार में जाने का अवसर या कोई सिफारिश उसके पास नहीं थी।

संयोगवश एक बार राजा कृष्णदेव राय के राजपुरोहित तेनाली के गाँव पहुँचे। जब तेनाली को पता चला कि ये राजपुरोहित हैं तो उसे लगा कि वे राजदरबार में पहुँचने में उसकी मदद कर सकते हैं। यह सोचकर तेनालीराम ने पुरोहित जी की अपने घर में खूब सेवा की। अपनी क्षमता से अधिक उनको खान-पान कराया। उसकी सेवा से खुश होकर राजपुरोहित ने तेनाली को राजा से मिलाने का आश्वासन दिया, मगर पुरोहित जी जानते थे कि तेनाली की बुद्धिमानी उनको राजा की नजरों में छोटा बना देगी। अतः उन्होंने लम्बा समय बीतने के बाद भी तेनाली को राजदरबार में नहीं बुलाया।

काफी इंतजार के बाद एक दिन तेनाली ने स्वयं ही राजा से मिलने की सोची। गाँव से सामान समेटकर वह अपनी माँ, पत्नी और पुत्र के साथ राजा कृष्णदेव की राजधानी विजयनगर पहुँचा। सबसे पहले उन्होंने नगर में राजपुरोहित जी का निवास स्थान का पता पूछा। सरलता से उसका पता मिल गया। वे राजपुरोहित जी के घर पहुँचे तो वहाँ भारी

भीड़ थी। लोग लम्बी-लम्बी कतारों में पुरोहित जी से मिलने की प्रतीक्षा कर रहे थे। तेनाली तो खुश था कि पुरोहित जी उसे देखते ही पहचान लेंगे और खूब आव-भगत करेंगे। यही सोचकर तेनाली पंक्ति तोड़कर एकदम राजपुरोहित के सामने पहुँच गया।

पुरोहित जी देखते ही उसे पहचान गए मगर अनभिज्ञ होते हुए तेनाली को अपमानित कर वहाँ से निकाल दिया। तेनाली अपने अपमान से बहुत दुखी हुआ। लेकिन उसने भी पुरोहित को देखने की ठान ली। अगली प्रातः तेनाली सेवादारों की खुशामद कर राज-सभा में पहुँच ही गया। राजपुरोहित उसे देखते ही सन्न रह गए। उस समय राज-सभा में जीवन के वैराग्य, सच-झूठ पर पंडितों के विचार चल रहे थे। राजपुरोहित जी कह रहे थे- यह संसार झूठा है। यहाँ जो हो रहा है वह केवल स्वप्न है। यह केवल मन का भ्रम है कि कुछ हो रहा है, यदि हम वह नहीं भी करेंगे तो भी कुछ फर्क नहीं पड़ेगा। सभी पंडित जी के विचारों से प्रभावित हो रहे थे।

इस बीच तेनाली बीच में बोल पड़ा- पंडित जी क्या सच में ये सभी कार्य भ्रम हैं।

'हाँ-हाँ, सब मिथ्या है, कुछ करो या नहीं, कुछ भेद नहीं है। 'राजपुरोहित बड़े आत्मविश्वास से बोले।

इतना सुनना था कि तेनाली फिर बोला, ठीक है पंडित जी, आज महाराज के साथ दोपहर के भोजन के समय हम सभी पेट भरकर खाएंगे, आप दूर बैठकर ही सोच लेना कि आपने भरपेट खा लिया है। अब से आप प्रतिदिन ही ऐसा करना। 'यह सुनते ही राजपुरोहित के चेहरे का रंग उड़ गया और राजा सहित सभी सभासद ठहाका लगाकर हँस पड़े।

राजा कृष्णदेव राय ने तेनाली का परिचय जाना तो उसने गाँव से नगर तक की यात्रा का सारा वृत्तांत सुना दिया। राजा ने राजपुरोहित की ओर देखते हुए कहा - आपकी ईर्ष्या के कारण इस अनमोल रत्न को हम तक पहुँचने में इतनी देर हो गई। अब से ये हमारे राज सलाहकार नियुक्त किए जाते हैं। तेनाली ने राजा का धन्यवाद किया और इनाम लेकर घर लौट आया।

7

तेनाली की मुनादी

राजा कृष्णदेव राय राजदरबार में जनहित के विषय पर गहन विचार-विमर्श कर रहे थे। राजपुरोहित ने सुझाव दिया - 'अच्छा हो महाराज अगर जनहित के इन निर्णयों की जानकारी सीधा जनता तक पहुँचाई जाए।' महाराज मतलब यह है कि राज-सभा में लिए गए निर्णयों की मुनादी करवाई जाए। मगर यह कार्य करेगा कौन - राजा बोले।

'तेनालीराम। वो सारी चर्चा को लिखेगा और उसका विस्तृत विवरण जनता में पहुँचाएगा।' प्रधानमंत्री ने कहा।

महाराज ने तेनाली को जनता को राज-निर्णयों से अवगत कराने की जिम्मेदारी सौंप दी। तेनाली समझ गया कि उसे राजपुरोहित व प्रधानमंत्री ने जान-बूझकर फंसाया है। उसने अगले ही दिन राज-सभा की सारी कार्यवाही की मुनादी करवाने के लिए नियुक्त कर्मचारी को लिखित सामग्री दे दी। चौराहे पर ढोल पीटकर कर्मचारी ने कहा - महाराज कृष्णदेव के आदेश पर तेनालीराम ने आपको सूचित किया है कि राज दरबार के निर्णयों से जनता को भी अवगत कराया जाए। महाराज चाहते हैं कि प्रजा के साथ पूरा न्याय हो और अपराधी को सजा मिले। इस बारे में विचार-विमर्श हुआ। महाराज नई व्यवस्था चाहते हैं। साथ ही पुरानी व्यवस्था की अच्छी बातें भी लागू करना चाहते हैं। इस बात पर राजपुरोहित जी से जानना चाहा तो वे ऊंघ रहे थे। इस पर महाराज ने उन्हें खूब फटकार लगाई और नमक मिला हुआ गरम पानी पिलवाया। दरबार में सेनापति की गैरहाजिरी में सीमाओं पर सुरक्षा की चर्चा भी न हो सकी। इसी प्रकार प्रत्येक सप्ताह मुनादी होने लगी। इसमें तेनाली

के नाम का जिक्र तो अवश्य होता, जिससे जनता को लगता जनहित के निर्णय तेनाली की सलाह पर लिए जाते हैं जबकि राजपुरोहित, प्रधानमंत्री और सेनापति की खिंचाई होती है। जब यह सूचना तीनों तक पहुँची तो वे बड़े चिंतित हुए।

मौका देखकर राजपुरोहित ने महाराज से कहा - महाराज यह सुरक्षा की दृष्टि से उचित नहीं कि मुनादी करवाकर राजकार्यों से जनता को अवगत कराया जाए। अतः मुनादी की कारवाई बंद कर दी जानी चाहिए। तभी तेनाली बोला - राजपुरोहित जी, जब चारों ओर आपकी पोल के ढोल बज गए तब आपको होश आया। राजा यह सुनकर ठहाका लगाकर हँस पड़े।

8

तेनालीराम और कुबड़ा धोबी

तेनाली ने कहीं सुना था कि कोई दुष्ट आदमी साधु का भेस बनाकर लोगों को अपने जाल में फंसा लेता है। उन्हें प्रसाद में धतूरा खिला देता है। यह काम वह उनके शत्रुओं के कहने पर धन के लालच में करता है। धतूरा खाकर कोई तो मर जाता और कोई पागल हो जाता है।

उन दिनों भी धतूरे के प्रभाव से एक व्यक्ति पागल होकर नगर की सड़कों पर घूम रहा था। लेकिन धतूरा खिलाने वाले व्यक्ति के खिलाफ

उसके पास कोई प्रमाण नहीं था। इसलिए वह खुले आम सीना तानकर चलता था। तेनालीराम ने सोचा कि ऐसे व्यक्ति को अवश्य दंड मिलना चाहिए। एक दिन जब वह दुष्ट व्यक्ति शहर की सड़कों पर आवारागर्दी कर रहा था तो तेनालीराम उसके पास गया और उसे बातों में उलझाए रखकर उस पागल के पास ले गया, जिसे धतूरा खिलाया गया था। वहाँ जाकर चुपके से तेनालीराम ने उसका हाथ पागल के सिर पर दे मारा। उस पागल ने आव देखा न ताव, उस आदमी के बाल पकड़कर उसका सिर पत्थर पर टकराना शुरू कर दिया। पागल तो वह था ही, उसने उसे इतना मारा कि वह पाखंडी साधु मर गया। मामला राजा तक पहुँचा। राजा ने पागल को तो छोड़ दिया, लेकिन क्रोध में तेनालीराम को हाथी के पैर से कुचलवाने की सजा दे दी। दो सिपाही तेनालीराम को शाम के समय एकांत स्थान पर ले गए और उसे गर्दन तक जमीन में गाड़ दिया। इसके बाद वे हाथी लेने चले गए। सिपाहियों ने सोचा अब यह बच भी कैसे सकता है।

कुछ देर बाद वहाँ से एक कुबड़ा धोबी निकला। उसने तेनालीराम से पूछा, 'क्यों भाई, यह क्या तमाशा है? तुम इस तरह जमीन में क्यों गड़े हो? तेनालीराम ने कहा – कभी मैं भी तुम्हारी तरह कुबड़ा था, पूरे दस साल मैं इस कष्ट से दुखी रहा। जो देखता वही मुझ पर हंसता। यहाँ तक कि मेरी पत्नी भी। अचानक एक दिन मुझे एक महात्मा मिल गए। वे मुझसे बोले, 'इस पवित्र स्थान पर पूरा एक दिन आंख बंद किए और बिना एक शब्द भी बोले गर्दन तक खड़े रहोगे, तो तुम्हारा कष्ट दूर हो जाएगा। मिट्टी खोदकर मुझे बाहर निकालकर जरा देखो कि मेरा कूबड़ दूर हो गया कि नहीं।' धोबी ने मिट्टी खोदकर तेनाली को बाहर निकाला, तो बहुत हैरान हुआ। कूबड़ का कहीं नामोनिशान तक नहीं था। वह तेनालीराम से बोला, 'सालों हो गए इस कूबड़ के बोझ को पीठ पर लादे हुए। मैं क्या जानता था कि इसका इलाज इतना आसान है। मुझ पर इतनी कृपा करो, मुझे यहीं गाड़ दो। मैं तुम्हारा यह

एहसान जिंदगी भर नहीं भूलूंगा और मेरी पत्नी को यह बात मत बताना कि कल तक मेरा कूबड़ ठीक हो जाएगा। मैं उसे हैरान करना चाहता हूँ। बहुत अच्छा – तेनालीराम ने धोबी से कहा और उसे गर्दन तक गाड़ दिया। फिर उसके कपड़े बगल में दबाकर बोला, 'अच्छा, तो मैं चलता हूँ। अपनी आंखें और मुंह बंद रखना चाहे कुछ भी क्यों न हो जाए, नहीं तो सारी मेहनत बेकार हो जाएगी और यह कूबड़ बढ़कर दुगुना हो जाएगा। धोबी बोला – 'चिंता मत करो, मैंने कूबड़ के कारण बड़े दुख उठाए हैं। इसे दूर करने के लिए मैं कुछ भी करने को तैयार हूँ। तेनालीराम वहां से चलता बना।

कुछ देर बाद राजा के सिपाही एक हाथी लेकर वहां पहुँचे और धोबी का सिर उसके पांवों तले कुचलवा दिया। चूंकि शाम का समय था इसलिए सिपाहियों को पता नहीं चला कि यह कोई और व्यक्ति है। सिपाही तेनालीराम की मृत्यु का समाचार लेकर राजा के पास पहुँचे। तब तक उनका क्रोध शांत हो गया था और अब वे दुखी हो रहे थे। क्योंकि उन्होंने तेनालीराम को मृत्युदंड दिया था। तब तक उस पाखंडी साधु के बारे में भी उन्हें काफी कुछ पता चल चुका था। वह सोच रहे थे, बेचारे तेनालीराम को बेकार ही अपनी जान गवानी पड़ी। उसने तो एक ऐसे अपराधी को दंड दिया, जिसे मेरे पुलिस अफसर भी नहीं पकड़ सके।

अभी राजा सोच में ही डूबे थे कि तेनालीराम दरबार में आ पहुँचा और बोला, 'महाराज की जय हो।' राजा सहित सभी आश्चर्य से उसके चेहरे की ओर देख रहे थे। तेनालीराम ने राजा को सारी कहानी सुनाई। राजा ने उसे क्षमा कर दिया।

9

दो हाथ धुआं

सम्राट कृष्णदेव राय का दरबार लगा था। महाराज दरबारियों के साथ हल्की-फुल्की चर्चा में व्यस्त थे कि अचानक चतुर और चतुराई पर चर्चा चल पड़ी। महाराज के अधिकांश मंत्री और यहाँ तक कि राजगुरु भी तेनालीराम से जलते थे। महाराज के समक्ष अपने दिल की बात रखने का अच्छा मौका था। अतः एक मंत्री बोला – 'महाराज! आपके दरबार में चतुर लोगों की कमी नहीं है, यदि मौका मिले तो यह बात सिद्ध हो सकती है, मगर।'

"मगर क्या मंत्री जी?" उत्सुकता से महाराज ने पूछा।

मैं बताता हूँ महाराज! सेनापति अपने स्थान से उठकर बोले- "मंत्री जी कहना चाहते हैं कि तेनालीराम के सामने किसी को अपनी योग्यता सिद्ध करने का अवसर नहीं मिलता। हर मामले में तेनालीराम अपनी टांग अड़ाते हैं और चतुराई का सारा श्रेय स्वयं ले जाते हैं। अन्नदाता! जब तक दूसरे लोगों को अवसर नहीं मिलेगा, वे अपनी योग्यता भला कैसे सिद्ध करेंगे?"

'हूँ' महाराज गंभीर हो गए। समझ गए कि सभी दरबारी तेनालीराम के विरुद्ध हैं। कुछ क्षणों तक वे सोचते रहे। अचानक ही उनकी दृष्टि एक कोने में ठाकुर जी की प्रतिमा के सामने जलती धूपबत्ती पर स्थिर हो गई और तुरन्त ही उन्हें दरबारियों की परीक्षा लेने का उपाय सूझ गया। वे बोले "आप लोगों को अपनी योग्यता सिद्ध करने का अवसर दिया जाएगा। तेनालीराम बीच में नहीं आएंगे।

"ठीक है महाराज!" सभी दरबारी प्रसन्न हो उठे। कहिए हम क्या करें?

"मुझे इस धूपबत्ती का दो हाथ धुआं चाहिए।" महाराज कृष्णदेव ने कोने में जलती हुई धूपबत्ती की ओर संकेत करके कहा - "जो भी दरबारी यह कार्य करेगा। उसे तेनालीराम से भी चतुर समझा जाएगा।"

सम्राट का प्रश्न सुनकर सभी दरबारी सिटपिटा गए। यह कैसी मूर्खतापूर्ण परीक्षा है, भला धुआं भी कभी नापा जाता है। मगर कोई न कोई युक्ति तो लगानी थी। कई दरबारियों ने हाथ से धुआं नापने की कोशिश की। किन्तु, धुआं भला कैसे नपता? वह तो ऊपर उठता और बलखाए सांप की तरह इधर-उधर लहरा जाता। सुबह से शाम हो गई मगर कोई धुआं न नाप सका।

महाराज कृष्णदेव राय मंद-मंद मुस्करा रहे थे। जब सभी दरबारी थक हारकर बैठ गए तो एक दरबारी बोला - "महाराज धुएं को नापना हमारी दृष्टि में असंभव है। हाँ, यदि तेनालीराम इस कार्य को कर देगा तो हम उसे अपने से चतुर मान लेंगे। मगर यदि वह भी नहीं नाप सका तो आप उसे हमारे समान ही समझें और अधिक मान सम्मान न दें।"

महाराज कृष्णदेव ने मुस्कराते हुए तेनालीराम की तरफ देखा - क्यों तेनालीराम! क्या तुम्हें दरबारियों की चुनौती स्वीकार है।"

"मैं भी कोशिश ही कर सकता हूँ अन्नदाता।" तेनालीराम अपने स्थान से उठकर विनम्रता से सिर झुकाकर बोला, "मैंने सदा आपके आदेश का पालन किया, इस बार भी करूँगा।

तेनालीराम ने एक सेवक को बुलाकर उसके कान में कुछ कहा। सेवक तत्काल वहाँ से चला गया। दरबार में सन्नाटा छाया रहा। सभी उत्सुक थे कि देखें तो तेनालीराम कैसे धुएं को नापकर राजा को दो हाथ धुआं सौंपता है। तभी सेवक शीशे की दो हाथ लम्बी एक नली लेकर दरबार में हाजिर हुआ। तेनालीराम ने धूपबत्ती से उठते हुए धुएं पर उस नली का मुंह लगा दिया। धुआं नली में भरने लगा। कुछ ही देर में पूरी नली धुएं से भर गई। तेनालीराम ने कपड़ा ठूंस कर नली का मुंह बंद कर दिया। फिर उसे महाराज की ओर बढ़ाकर बोला - "लीजिए महाराज! दो हाथ धुआं।"

महाराज ने मंद-मंद मुस्कराते हुए नली ले ली, फिर दरबारियों की ओर देखा, सभी के सिर झुके हुए थे। कुछ एक दरबारी जो तेनालीराम से ईर्ष्या नहीं करते थे, आंखों में प्रशंसा के भाव लिए तेनालीराम को देख रहे थे।

महाराज बोले - "अब तो आप लोग मान गए कि तेनालीराम बुद्धिमान है और उनका मुकाबला कोई नहीं कर सकता।" दरबारी भला क्या जवाब देते।

10

सबसे बड़ा उपहार

एक बार एक पड़ोसी राजा ने विजयनगर पर आक्रमण कर दिया। महाराज कृष्णदेव राय ने अपनी और दरबारियों की सूझ-बूझ से युद्ध जीत लिया और विजय उत्सव की घोषणा की।

तेनालीराम किसी कारणवश उचित समय पर उत्सव में न आ पाया। उत्सव की समाप्ति पर महाराज ने कहा - "यह जीत मुझ अकेले की जीत नहीं है बल्कि आप सभी दरबारियों की जीत है। इस अवसर पर हमने सभी दरबारियों को उपहार देने की व्यवस्था की है। सभी सदस्य उस मंच पर रखे अपनी-अपनी पसंद के उपहार उठा लें।"

एक ओर मंच पर कीमती उपहार रखे थे।

प्रधानमंत्री सहित सभी दरबारी उस पर झपट पड़े और एक-दूसरे को धकेलकर कीमती से कीमती उपहार उठाने लगे।

जितने दरबारी थे, उतने ही उपहार थे।

पलक झपकते ही मंच उपहारों से खाली हो गया और वहाँ एक तश्तरी पड़ी रह गई।

तभी तेनालीराम भी वहाँ आ पहुँचे तो सभी दरबारी उनकी ओर व्यंग्य से देखकर मुस्काराने लगे कि अब आए जब दुनिया लुट गई। तेनालीराम महाराज के करीब पहुँचे तो उन्होंने सारी बात बताकर कहा कि वहाँ आपके हिस्से का उपहार बचा है, उसे आप ले लें। तेनालीराम ने चांदी की वह तश्तरी उठा ली और बड़ी श्रद्धा के साथ माथे से लगाकर अपने पटके से ढक ली।

सभी दरबारी खुश थे कि तेनालीराम को मात्र एक चांदी की तश्तरी ही मिली थी जबकि उनके पास बहुमूल्य उपहार थे।

तेनालीराम को तश्तरी इस प्रकार ढकते देखकर महाराज ने आश्चर्य से पूछा – "तेनालीराम! तश्तरी को इस प्रकार क्यों ढक लिया।"

"आपका सम्मान कायम रखने के लिए महाराज!

"क्या मतलब? हमारे सम्मान को क्या हुआ?" कृष्णदेव चौंके।

"महाराज! आज तक मैंने मोतियों और अशर्फियों से भरे थाल उपहार में प्राप्त किए हैं, जरा सोचिए कि यदि मैं आज खाली तश्तरी लेकर जाऊंगा तो प्रजा क्या सोचेगी, यही न कि महाराज का दिवाला निकल गया, इसलिए तेनालीराम को खाली तश्तरी इनाम में दी है।"

"ओह! तेनालीराम की चतुराई भरी बात सुनकर महाराज गद्गद हो उठे और बोले – "नहीं तेनालीराम! आज भी हम तुम्हें खाली तश्तरी नहीं देंगे – लाओ तश्तरी आगे बढ़ाओ।"

महाराज ने अपने गले का बहुमूल्य हार उतारकर उसकी तश्तरी में डाल दिया। ये सबसे कीमती उपहार था। जिसे तेनालीराम ने अपनी चतुराई से पाया था। यह देखकर उनसे जलने वाले दरबारी जल भुनकर राख हो गए।

11

पौधों की जड़ें

तेनालीराम की पत्नी को गुलाब के बड़े-बड़े फूलों को जूड़े में लगाने का बेहद शौक था। उसकी पसंद के फूल केवल राज उद्यान में ही थे। अत: वह बेटे को वहाँ भेजकर चोरी से एक फूल रोज तुड़वा लेती थी।

तेनालीराम से जलने वालों को जब यह पता चला तो उन्होंने तेनालीराम को महाराज की नजरों में गिराने का निर्णय लिया। उन्होंने उसके फूल चोरी करने का समय नोट कर लिया और जब एक दिन सभा चल रही थी, तब तेनालीराम की मौजूदगी में महाराज से शिकायत कर दी और कहा कि महाराज! चोर इस समय आपके बगीचे में है, यदि इजाजत हो तो पकड़वा कर हाजिर करें। "ठीक है, वह चोर जो कोई भी है, उसे हमारे सामने हाजिर करो।"

सभी दरबारी कुछ सैनिकों के साथ बगीचे के द्वार पर आ गए और सिपाहियों को बगीचा घेर लेने का आदेश दिया। वे लोग तेनालीराम को भी अपने साथ ले आए थे और उन्हें पूरी बात बता भी चुके थे कि वह चोर और कोई नहीं बल्कि आपका बेटा है। कुछ दरबारी इस बात पर बड़ा रस ले रहे थे कि जब तेनालीराम का बेटा चोर की हैसियत से दरबार में हाजिर होगा तो तेनालीराम की क्या बात बनेगी।

एक दरबारी ने चुटकी ली – ''क्यों तेनालीराम! अब क्या कहते हो?''

''अरे भई कहना क्या है?'' एकाएक ही तेनालीराम जोर से चिल्लाए– ''मेरे बेटे के पास अपनी बात कहने के लिए जुबान है। वह स्वयं ही महाराज को बता देगा कि वह बगीचे में क्या करने आया है। वैसे मेरा ख्याल तो यह है कि वह अपनी माँ की दवा के लिए पौधों की जड़ें लेने आया होगा न कि गुलाब के फूल चोरी करने आया है।''

तेनालीराम के बेटे ने बगीचे के अन्दर से ये शब्द सुन लिए। दरअसल उसे सुनाने के लिए ही तेनालीराम ने इतने जोर से बोला था। वह फौरन समझ गया कि उसका पिता क्या कहना चाहता है, अतः उसने झोली में एकत्रित किए फूल फेंक दिए और कुछ पौधों की जड़ें उखाड़कर अपनी झोली में रख लिया और बाहर आ गया।

जैसे ही वह बाहर आया, वैसे ही दरबारियों के इशारे पर सिपाहियों ने उसे पकड़ लिया और ले जाकर दरबार में पेश किया।

''महाराज! यह है आपके बगीचे का चोर। तेनालीराम का पुत्र। यह देखिए, अभी भी इसकी झोली में गुलाब के फूल हैं।''

''गुलाब के फूल? कैसे गुलाब के फूल।'' तेनालीराम के बेटे ने अपनी झोली में से सारी जड़ें महाराज के सामने फर्श पर डाल दी और बोला – ''मैं तो अपनी माँ की दवा के लिए पौधों की जड़ें लेने आया था।''

यह देखकर महाराज ने दरबारियों को खूब फटकार लगाई। सभी दरबारी शर्म से सिर झुकाए खड़े सोचते रहे कि गुलाब के फूल जड़ कैसे बन गए?

12

लाल पंखों वाला मोर

महाराज कृष्णदेव राय को अद्‌भुत व विलक्षण वस्तुएं एकत्रित करने का शौक था। अतः दरबारियों में होड़ लगी रहती थी कि वे दुलर्भ से दुर्लभ वस्तुएं महाराज की सेवा में प्रस्तुत करें और भारी पुरस्कार पाएं। कुछ दरबारी मौका पाकर महाराज को ठगने से भी नहीं चूकते थे।

ऐसे ही एक दिन एक दुष्ट दरबारी ने एक अनोखी चाल चली। वह लाल पंखों वाला एक जिंदा मोर लेकर महाराज की सेवा में हाजिर हुआ

और बोला – "महाराज! मैंने मैसूर के घने जंगलों से आपके लिए एक अनूठा मोर मंगवाया है।"

कृष्णदेव ने लाल पंखों वाले उस मोर को देखकर बड़ा आश्चर्य किया कि यह कुदरत का कैसा करिश्मा है। वाकई अद्भुत है। उन्होंने तुरंत आज्ञा दी कि मोर को राज उद्यान में हिफाजत से रखवाया जाए फिर दरबारी से पूछा कि उस मोर की खोज आदि पर उसका कितना धन खर्च हुआ?

"कुल तीस हजार।"

महाराज ने आज्ञा दी कि राजकोष से तीस हजार अशर्फियां तुरंत इस दरबारी को अदा की जाएं। फिर दरबारी को आश्वासन दिया कि इसका पुरस्कार तुम्हें बाद में दिया जाएगा।

दरबारी को और भला क्या चाहिए था। उसके लिए तो यह तीस हजार अशर्फियां भी किसी भारी इनाम से कम नहीं थी। इन्हें पाने के लिए उसने केवल सौ अशर्फियां ही खर्च की थीं।

तेनालीराम ने भी उस मोर को देखा था, मगर उसे यह बात हजम नहीं हो रही थी कि मोर कुदरती लाल पंखों वाला हो सकता है। उसने दरबारी की तरफ देखा, दरबारी कुटिल भाव से उसकी ओर देखकर मुस्करा रहा था। तेनालीराम को समझते देर नहीं लगी कि यह अवश्य ही कोई चाल है। बस, दूसरे ही दिन तेनालीराम ने उस रंग विशेषज्ञ को खोज निकाला, जिसने मात्र सौ अशर्फियों में उस मोर के पंख रंगे थे। वह चित्रकार राजधानी की सीमा पर स्थित एक गांव में रहता था और वह मस्त–मौला किस्म का व्यक्ति था।

तेनालीराम ने चार मोर मंगवाकर उन्हें पहले मोर की भाँति रंगवाया और चार दिन बाद ही उन्हें दरबार में लेकर हाजिर हो गया और राजा से कहा – "महाराज! हमारे दरबारी मित्र ने तीस हजार अशर्फियां खर्च

करके लाल पंखों वाला सिर्फ एक ही मोर मंगवाया, मगर मैं मात्र चार सौ अशर्फियों में चार वैसे ही मोर आपकी सेवा में हाजिर कर रहा हूँ।''

राजा ने हैरानी से पहले उन मोरों को देखा, फिर प्रश्नवाचक दृष्टि से तेनालीराम और उसके साथ आए व्यक्ति को देखने लगे।

वह दरबारी जिसने तीस हजार अशर्फियों में वह मोर राजा को भेंट दिया था, तेनालीराम के साथ आए व्यक्ति को देखकर उसकी सिट्टी-पिट्टी गुम हो गई। यदि अवसर मिलता तो वह वहाँ से निकल ही भागता, मगर भागकर जाता भी कहाँ? तेनालीनाम के साथ आया व्यक्ति वही चित्रकार था, जिसे सौ अशर्फियां देकर उसने मोर के पंख रंगवाए थे।

राजा ने मोर उद्यान में भिजवा दिए, फिर तेनालीराम से पूछा – ''तेनाली यह माजरा क्या है?''

''महाराज! यदि आप इन मोरों की छटा से प्रसन्न होकर किसी को कोई पुरस्कार देना चाहते हैं तो इस चित्रकार को दें, यह पुरस्कार का सच्चा अधिकारी है।'' कहकर तेनालीराम ने उन्हें पूरी बात बता दी।

अपने आप को ठगे जाने की बात सुनकर महाराज आग-बबूला हो उठे। उन्होंने तुरंत उस दरबारी को दो माह के लिए उसके पद से निलम्बित कर दिया तथा तीस हजार अशर्फियों के साथ बतौर जुर्माना दस हजार अशर्फियां राजकोष में जमा कराने का आदेश दिया। फिर चित्रकार को इनाम देकर विदा किया और तेनालीराम को भी सम्मानित किया।

13

माँ की अंतिम इच्छा

तेनालीराम जब से महाराज कृष्णदेव राय की सेवा में आए थे, तब से उन्हें एक ही बात सता रही थी कि विजयनगर के ब्राह्मण बड़े लालची हैं और वे धर्म-कर्म की उल्टी-सीधी पट्टियां पढ़ाकर आए दिन महाराज को लूटते रहते हैं।

एक दिन महाराज कृष्णदेव राय ने सभा में बताया की मरते समय हमारी माँ को आम खाने की इच्छा थी। मगर उनकी यह इच्छा पूर्ण न

हो सकी थी। क्या अब ऐसा कुछ हो सकता है कि मेरी माँ की आत्मा को शान्ति मिले?

ये मसला राजपुरोहित से सम्बन्धित था, अतः किसी के भी बोलने से पहले वे बोले – "महाराज! उपाय मैं बताता हूँ।"

"हाँ–हाँ कहिए राजपुरोहित जी।" महाराज! कृष्णदेव राय ने कहा "आपसे अच्छा सुझाव इस विषय में भला और कौन दे सकता है।"

"महाराज! मेरा सुझाव तो यह है कि एक सौ आठ ब्राह्मणों को एक–एक सोने का आम दक्षिणा स्वरूप भेंट किया जाए, तो राजमाता की आत्मा को शान्ति प्राप्त हो सकती है।"

उसकी लालच भरी बात सुनकर जहाँ तेनालीराम के तन–बदन में आग लग गई वहीं महाराज खुश हो उठे और तुरंत एक सौ आठ सोने के आम दान करने की घोषणा कर दी।

'अब तो बात हद से गुजरती जा रही है।' मन ही मन में तेनालीराम ने सोचा – 'इन ब्राह्मणों का कोई इलाज करना ही पड़ेगा।

किन्तु फिलहाल उन्हें कोई युक्ति नहीं सूझ रही थी, इसलिए वे मन मसोसकर रह गए।

मगर कुछ दिन बाद उन्हें एक अवसर प्राप्त हो गया। हुआ ये कि तेनालीराम की माँ की मृत्यु हो गई। उन्होंने विधिवत उनका अंतिम संस्कार किया और तेरहवीं के लिए एक सौ आठ ब्राह्मणों को राजपुरोहित सहित अपने निवास पर आमंत्रित किया।

तेरहवीं के सभी कार्य सम्पन्न हुए, ब्राह्मणों ने खूब डटकर माल उड़ाया। फिर तेनालीराम के आदेश पर सभी ब्राह्मणों को एक अलग कक्ष में बैठाया गया।

वहाँ आकर तेनालीराम ने नौकरों को इशारा किया। इशारा पाते ही नौकर दहकती हुई सलाखें लेकर उपस्थित हो गए। "इन सभी को गर्म

सलाखों से घुटनों पर दागा जाए। यह सुनते ही सभी ब्राह्मणों में चीख-पुकार मच गई।

वे उठकर भागने लगे तो तेनालीराम के नौकरों ने पकड़ लिया। फिर एक-एक करके सभी के घुटनों में सलाखें दागी गईं। बात कृष्णदेव राय तक पहुँची तो उन्होंने तेनालीराम को तलब किया और ब्राह्मणों के साथ की गई इस अभद्रता का कारण पूछा। तब तेनालीराम ने कहा - ''महाराज! दरअसल बात ये है कि मेरी माँ के पैर के जोड़ों में दर्द रहता था। उन्हें एक वैद्य ने बताया कि उनके घुटने लोहे की गर्म सलाखों से दागे जाएं तो उनका रोग जाता रहेगा, वरना सात जन्म भी पीछा नहीं छोड़ेगा।

अब उनकी यह इच्छा पूर्ण होने से पहले ही उनकी मृत्यु हो गई। तब मैंने यह रास्ता अपनाया। जब ब्राह्मणों को सोने के आम दान देने से राजमाता की अंतिम इच्छा पूर्ण हो सकती है तो क्या इस प्रकार मेरी माँ का रोग दूर नहीं हो सकता।''

तेनालीराम की बात सुनकर सब कुछ समझकर महाराज हंस पड़े जबकि राजपुरोहित सहित सभी ब्राह्मणों के सिर शर्म से झुक गए।

14

धूर्त जासूस

यह बात उन दिनों की है जब राजा कृष्णदेव राय रायचूर, बीजापुर और गुलबर्गा पर आक्रमण करने की तैयारी कर रहे थे। उन्होंने अपने राज्यपालों से कहा कि वे सेना के लिए आदमी और धन इकट्ठा कर भेजें ताकि शत्रु का सिर पूरी तरह कुचल दिया जाए। एक पड़ोसी राजा को तो वह हरा चुके थे। अब उत्तर के शत्रु राज्यों की बारी थी।

उनकी तैयारियां, सैन्य शक्ति और साधन सम्पन्नता देखकर बीजापुर का सुल्तान चिन्ता में पड़ गया था। अगर कृष्णदेव राय ने हमला कर दिया तो सल्तनत बचाना नामुमकिन होगा। उसने एक मुसलमान जासूस को ब्राह्मण के भेस में विजयनगर भेजा ताकि वह राजा का विश्वास प्राप्त करे और सही मौका हाथ में आते ही राजा का कत्ल कर डाले। सुल्तान ने सोचा कि अगर राजा को मार दिया गया तो पहली बार को हमले का खतरा टल जाएगा, दूसरे उसके मरने से जो आपा-धापी मचेगी उसका लाभ उठाकर विजयनगर पर धावा बोलकर उसे जीता जा सकता है। इस प्रकार एक तीर से दो शिकार हो जाएंगे।

जासूस बड़ा घाघ था। वह पहले एक हिन्दू राजा की गुप्तचर संस्था में कार्यरत था। इसलिए उसकी हिन्दी, संस्कृत आदि पर पूरी पकड़ थी। वह ब्राह्मणों के ढेरों कर्मकाण्ड भी जानता था। जासूस तमिल ब्राह्मण का भेस बनाकर विजयनगर के दरबार में पहुँचा। वहाँ पर शुद्ध संस्कृत बोलता, वेदों का पाठ करता, शास्त्रों, पुराणों और नाटकों के अंश सुनाया करता। शीघ्र ही नकली ब्राह्मण ने दरबार में एक विशेष स्थान बना लिया। उसे दिन या रात किसी भी समय राजा के महल में जाने की इजाजत मिल गई। धीरे-धीरे उसने अपनी पहुँच महल के अन्दरूनी कक्षों तक भी बना ली।

वह ऐसे स्थान की तलाश में था जहाँ वह राजा पर वार कर सके। एक समस्या यह भी थी कि राजा जहाँ भी आता-जाता, कुछ लोग हमेशा उसके साथ रहते थे। ऐसे मौके पर पकड़ लिए जाने का खतरा था। तेनालीराम हर वक्त राजा के साथ रहता था, इसलिए जासूस को उससे बड़ी चिढ़ थी। तेनालीराम को भी वह अच्छा नहीं लगता था। उसे शक हो गया था कि हो न हो, यह ब्राह्मण किसी शत्रु का जासूस है।

बस, जिस क्षण से तेनाली को उस पर शक हुआ, उसी क्षण से वह उसे बेनकाब करने की कोशिशों में लग गया था। एक दिन अचानक तेनालीराम ने राजा के सामने ही जासूस से पूछ लिया - "तुम्हारा वेद और गोत्र कौन सा है?" जासूस ने उसका बिल्कुल ठीक उत्तर दिया।

ब्राह्मण जासूस के जाने के बाद राजा ने तेनालीराम से पूछा, "तुमने यह प्रश्न क्यों किया?"

"महाराज! मुझे शक है कि यह आदमी जासूस है। इस पर भरोसा करने से पहले इसे परख लेना चाहिए। गलत आदमी पर की गई कृपा बहुत नुकसान पहुँचाती है।"

"क्या कहते हो तेनालीराम? क्या अब भी तुम्हारा शक दूर नहीं हुआ?"

"महाराज! आप जरा इस विषय पर सोचें, दिखावे और स्वाभाविकता में बहुत अंतर है। यह दिखावा कुछ ज्यादा ही कर रहा है। शुद्ध संस्कृत बोलने का प्रयत्न, पूजा पाठ का दिखावा वही करेगा जिसे सिद्ध करना हो कि वह कर्मकाण्डी है।

"तुम्हारी बात में कुछ दम तो है, पर मुझे यकीन नहीं होता। वैसे भी वह अकेला क्या कर सकता है?"

"आपकी हत्या।" तेनालीराम ने कहा।

"मगर मुझ अकेले को मार कर उसे क्या मिलेगा। मेरे मरने पर भी मेरे लाखों सिपाही जीवित रहेंगे।"- राजा ने कहा। "एक शेर लाखों भेड़ों से अधिक ताकतवर होता है और फिर आपके न होने से सेना में फूट पड़ जाएगी। इससे शत्रु को हमें कुचलने का अवसर मिल जाएगा। अगर आज्ञा दें तो मैं सिद्ध कर सकता हूँ कि यह आदमी शत्रु का जासूस है।" तेनालीराम ने कहा।

राजा कृष्णदेव राय ने सोचा, फिर बोले – "ठीक है, सिद्ध करो। लेकिन तुम जो भी करना चाहते हो, तुम्हें मेरे सामने करना पड़ेगा। जब तक उसका अपराध सिद्ध न हो जाए उस पर आँच नहीं आनी चाहिए।"

उस रात जब ब्राह्मण जासूस अपने कमरे में सो रहा था, तब तेनालीराम राजा के साथ वहाँ पहुँचे और ठंडे पानी की बाल्टी उस पर उड़ेल दी। जासूस एकाएक चिल्लाता हुआ उठ बैठा – "या अल्लाह! या अल्लाह!" तभी उसकी नजर तेनालीराम पर पड़ी और क्रोध में आकर उसने अपनी तलवार निकाल ली, मगर इससे पहले कि वह वार कर पाता, राजा ने उसका सिर धड़ से अलग कर दिया।

इस तरह तेनालीराम ने अपनी समझदारी, सूझबूझ से महाराज कृष्णदेव राय की जान बचा ली।

15

शिकारी झाड़ियां

ढलती हुई ठंड का सुहावना मौसम था। राजा कृष्णदेव राय वन विहार के लिए नगर से बाहर डेरा डाले हुए थे। ऐसा हर वर्ष होता था। महाराज के साथ में कुछ दरबारी और सैनिक भी थे। पूरे खेमे में खुशी का माहौल था। कभी गीत, संगीत की महफिल जमती तो कभी किस्से कहानियों का दौर चल पड़ता। इसी प्रकार आमोद-प्रमोद में कई दिन गुजर गए।

एक दिन राजा कृष्णदेव राय अपने दरबारियों से बोले - ''वन विहार में आये हैं तो शिकार जरूर करेंगे।''

तुरंत शिकार की तैयारियां होने लगी। कुछ देर बाद पूरा लाव-लश्कर शिकार के लिए निकल पड़ा। सभी अपने-अपने घोड़ों पर सवार थे। तेनालीराम भी जब उनके साथ चलने लगा तो एक मंत्री बोला - ''महाराज! तेनालीराम को साथ ले जाकर क्या करेंगे? यह तो अब बूढ़े हो गए हैं, इन्हें यहीं रहने दिया जाए। हमारे साथ रहेंगे तो बेचारे थक जाएंगे।''

मंत्री की बात सुनकर सारे दरबारी हंसने लगे। चूंकि तेनालीराम राजा के प्रिय थे, इसलिए उन्होंने तेनालीराम को भी साथ ले लिया। थोड़ी देर का सफर तय कर सब लोग जंगल के बीचोबीच पहुँच गए। तभी राजा कृष्णदेव राय को एक हृष्ट-पुष्ट हिरन दिखाई दिया। राजा उसका पीछा करने लगे। सभी दरबारी भी उसके पीछे थे। पीछा करते-करते वे घने जंगल में पहुँच गए। राजा घनी झाड़ियों के बीच बढ़ते जा रहे थे।

एक जगह पर आकर उन्हें हिरन अपने बहुत ही पास दिखाई दिया तो उन्होंने निशाना साधा। घोड़ा अभी भी दौड़ता जा रहा था। महाराज कमान पर चढ़ा तीर छोड़ने वाले ही थे कि अचानक तेनालीराम जोर से चिल्लाया – ''रुक जाइए महाराज! इससे आगे जाना ठीक नहीं।''

राजा ने फौरन घोड़ा रोका। इतने में हिरन उनकी पहुँच से दूर निकल गया। तेनालीराम के कारण हिरन को हाथ से निकलते देख महाराज को बहुत गुस्सा आया और वह तेनालीराम पर बरस पड़े, ''तेनालीराम! तुम्हारी वजह से हाथ आया शिकार निकल गया।'' मगर अचानक ही उन्हें कुछ याद आया और मंत्री से मुखातिब होकर बोले – ''मंत्री जी इस पेड़ पर चढ़कर हिरन को देखें, तभी कुछ कहूंगा या बताऊंगा।'' मंत्री जी पेड़ पर चढ़े तो उन्हें विचित्र नजारा दिखा। हिरन जंगली झाड़ियों

के बीच फंसा जोर-जोर से चीख और उछल रहा था। उसका पूरा शरीर लहू-लुहान हो रहा था। ऐसा लगता था कि जंगली झाड़ियों ने उसे अपने पास खींच लिया हो। वह भरपूर जोर लगाकर झाड़ियों के चंगुल से छूटने की कोशिश कर रहा था।

आखिरकार बड़ी मुश्किल से वह अपने आप को उन झाड़ियों से छुड़ाकर भाग लिया। मंत्री ने पेड़ से उतरकर सारी बात राजा को बताई। राजा यह सब सुनकर हैरान रह गए और बोले - तेनालीराम यह सब क्या है? "महाराज! यहाँ से आगे खतरनाक नरभक्षी झाड़ियां हैं। जिनके कांटे प्राणियों के शरीर में चुभकर उनका खून पीने लगते हैं। जो जीव उनकी पकड़ में आया - वह अधमरा होकर ही इनसे छूटा। पेड़ से महामंत्री जी ने स्वयं हिरन का हाल देख लिया था। इसलिए मैंने आपको रोका था।"

अब राजा कृष्णदेव राय गर्व से मंत्री और दरबारियों की ओर देखकर बोले, "अब समझे, तेनालीराम को लाना क्यों जरूरी था?"

मंत्री और सारे दरबारी अपना-सा मुंह लेकर रह गए और एक दूसरे की ओर ताकने लगे।

16

अनोखा उपहार

एक बार पड़ोसी देश का दूत महाराज कृष्णदेव राय के दरबार में आया। वह अपने राजा के संदेश के साथ ढेरों उपहार भी लाया था। विजयनगर में उसका खूब स्वागत और आदर-सत्कार किया गया। तीन दिन तक रुक कर जब वह जाने लगा तो महाराज बोले - "हम तुम्हें भी कोई उपहार देना चाहते हैं, जो चाहो मांग लो।"

दूत बड़ा चतुर था। वह एक तीर से दो शिकार करना चाहता था। अर्थात् उपहार तो पाना ही चाहता था और साथ ही तेनालीराम की परीक्षा भी लेना चाहता था। अतः वह बोला - "महाराज! हीरे, मोती, सोना और चांदी मेरे किसी काम के नहीं हैं, हाँ यदि आप देना ही चाहते हैं तो कोई ऐसा उपहार दीजिए जो सुख-दुख, धूप-छांव में सदा मेरे साथ रहे।" यह सुनकर महाराज चकराए कि ऐसा क्या उपहार दें। उन्होंने इस आशा से दरबारियों की ओर देखा कि शायद वही कुछ सुझाएं, मगर किसी की बुद्धि में ऐसा उपहार नहीं आया, तभी राजा ने तेनालीराम की ओर देखा। तेनालीराम ने कृष्णदेव का आशय समझकर अपने स्थान से उठकर महाराज के सामने थोड़ा सिर झुकाया फिर बोला - "महाराज! दोपहर को जब ये यहाँ से जाएंगे तो वैसा उपहार इनके साथ ही जाएगा।"

दोपहर को जब अतिथि प्रस्थान करने लगे तो उनका विदाई समारोह तेनालीराम के कहने पर महल से बाहर खुले स्थान में किया गया। जहाँ धूप खिली थी। सारे उपहार दूत के रथ में रख दिए गए। तब महाराज ने तेनालीराम से कहा - "तेनालीराम तुम्हारा उपहार कहाँ है?"

तेनालीराम हंसे – "महाराज! उपहार तो मैं अतिथि को दे चुका हूँ जो इस समय भी उनके साथ है। किन्तु यह उसे देख नहीं पा रहे हैं। इनसे कहें कि पीछे पलटकर धरती की तरफ देखें। दूत ने फौरन पीछे मुड़कर देखा – "कहाँ है तेनालीराम जी, मुझे तो दिखाई नहीं दे रहा है?"

"अतिथि महाशय! ध्यान से देखें, क्या आपको अपना साया नहीं दिखाई दे रहा है। अतिथि महाशय! इन्सान का साया कभी उसका साथ नहीं छोड़ता – न दुख में, न सुख में, न ही इसे कोई छीन सकता और न तो इसकी चोरी हो सकती है। यह पहले भी आपके साथ था, पर आपको इसकी उपयोगिता मालूम नहीं थी। महाराज मुस्करा उठे।

दूत बोला – "वाह! तेनालीराम जी! जैसा आपके विषय में सुना था वैसा ही पाया। धन्य हैं सम्राट कृष्णदेव राय, जिन्हें आप जैसे सुयोग्य और बुद्धिमान व्यक्तियों का साथ और सेवाएं प्राप्त हैं। मैंने आपकी बुद्धि की परीक्षा लेने के लिए ही ऐसा उपहार मांगा था और सचमुच आपने मुझे निरुत्तर कर दिया।" तेनालीराम सिर्फ मुस्कराकर रह गए।

17

स्वर्ण हंस उद्यान

एक बार महाराज कृष्णदेव के दरबार में दो व्यक्ति आए। उनमें से एक के हाथ में सोने का हंस था। आते ही वे बोले – "महाराज! हमारा न्याय करें।"

"कैसा न्याय? महाराज ने चौंककर पूछा – "आखिर बात क्या है? क्या इस स्वर्ण हंस को लेकर तुम दोनों के बीच कोई झगड़ा है।"

"झगड़ा नहीं है महाराज – मतभेद है।" एक व्यक्ति जिसके हाथ में हंस था, बोला – दरअसल हम दोनों मित्र हैं। हुआ यह महाराज कि मेरी तंगी की हालत में मेरे इस दोस्त ने मुझे अपने खेत की कुछ जमीन जोतने के लिए दी थी। जब एक दिन मैं उसी जमीन पर हल चला रहा था, तो मुझे यह स्वर्ण हंस मिला था। जब मैं इसे लेकर अपने दोस्त के पास पहुँचा तो यह इसे लेने से इन्कार कर रहा है।

मैं कैसे लूं महाराज। जब मैंने वह जमीन अपने मित्र को दी थी तो उसमें उत्पन्न होने वाली हर चीज पर उसी का हक है, दूसरा व्यक्ति बोला।

"किन्तु जमीन तो इसकी है महाराज!"

"मगर वह जमीन तो मैं इसे दे चुका हूँ"

"इस प्रकार दोनों अपनी-अपनी बातों पर अड़े हुए थे। महाराज भी उनकी सच्चाई से अत्यधिक प्रभावित हुए। उनके समक्ष ऐसा मुकदमा पहली बार आया था, जिसमें न कोई चोर है न साहूकार।"

क्या फैसला दें, राजा कुछ समझ नहीं पा रहे थे। उन्होंने दरबारियों की ओर देखा- आप लोग क्या कहते हैं?

''महाराज! एक दरबारी बोला - ''सोने का हंस दो हिस्सों में बांटकर एक-एक हिस्सा दोनों को दे दिया जाए।

''मूर्ख! जब दोनों में से कोई भी पूरा हंस लेने को राजी नहीं है तो आधा कैसे स्वीकार करेंगे।''

दरबारी सिटपिटाकर चुप हो गए।

फिर एक अन्य दरबारी बोला - ''महाराज! आप इनसे ही पूछें कि ये क्या चाहते हैं? मेरी राय में तो इस हंस को राजकोष में जमा करा

देना चाहिए, क्योंकि धरती से निकली सम्पत्ति पर राजा का अधिकार होता है।''

''हम ऐसा ही करते, यदि ये लोग चोरी से इस सम्पत्ति को अपने पास रख लेते, किन्तु इन दोनों में से कोई लालची नहीं है बल्कि दोनों ही सच्चे और ईमानदार हैं। अतः इस संपत्ति का कुछ ऐसा प्रयोग हो जिससे इन दोनों मित्रों की मित्रता की मिसाल कायम हो जाए।''

दरबारी अपनी-अपनी राय देते रहे, किसी ने कहा- कुएं खुदवाए जाएं, किसी ने धर्मशाला तो किसी ने मंदिर का सुझाव दिया। मगर महाराज को कोई सुझाव पसंद नहीं आया।

फिर उन्होंने तेनालीराम की ओर देखा, इशारा पाकर तेनालीराम बोले- ''महाराज! मेरा निवेदन है कि इस हंस को महाराज जौहरियों से मोल लगवाकर स्वयं खरीद लें और उस धन से दोनों की मित्रता के नाम पर एक 'स्वर्ण हंस उद्यान' का निर्माण हो, जिसमें छायादार व फल-फूल वाले पौधे हों। उद्यान में एक सरोवर हो, जिसमें दो सफेद हंस तैर रहे हों महाराज। जब तक स्वर्ण हंस उद्यान कायम रहेगा, तब तक इनकी मित्रता की अनोखी मिसाल कायम रहेगी।

''वाह! स्वर्ण हंस उद्यान।'' महाराज मुस्कराए। तुम्हारा सुझाव तो वास्तव में ही अच्छा है, हमारा फैसला भी यही है। दरबारियों ने भी इस अमूल्य सुझाव का समर्थन किया और यह पहला अवसर था, जब तेनालीराम से ईर्ष्या रखने वालों ने भी उनकी जमकर प्रशंसा की।

18

मित्र संधि

महाराज कृष्णदेव राय का अपने पड़ोसी राजा से पिछले कई वर्षों से मन-मुटाव चल रहा था। कई बार दोनों राज्यों की सेनाएं आमने-सामने आ चुकी थीं। इस समय भी तनावपूर्ण स्थिति बनी हुई थी। ऐसे में तेनालीराम के विरोधियों ने सोचा क्यों न इस मौके का लाभ उठाकर महाराज को तेनालीराम के विरुद्ध भड़काया जाए। सभी ने मिलकर सलाह की और एक दरबारी को ये जिम्मेदारी सौंपी।

एक दिन जब महाराज उद्यान में टहल रहे थे कि वह दरबारी वहाँ जा पहुँचा, कुछ देर तो वह इधर-उधर की बातें करता रहा, फिर पूछा- महाराज! आपने कुछ सुना?

क्या? महाराज ठिठककर उसका चेहरा देखने लगे।

यदि जान बख्शने का वचन दें तो कुछ कहूँ।

महाराज ने एक पल सोचा फिर बोले- ठीक है जो कहना है निःसंकोच कहो।''

''महाराज! मुझे कुछ ऐसा आभास मिला है कि हमारे तेनालीराम जी पड़ोसी शत्रु राजा से मिले हुए हैं। हमारे यहाँ की गुप्त बातें उनके जरिए पड़ोसी राज्य तक पहुँचती रहती हैं।''

''क्या बकते हो?'' आँखें निकालकर महाराज गरजे।

''मुझे तो ऐसा अंदेशा पहले ही था महाराज कि आप मेरी बात सुनते ही आग-बबूला हो उठेंगे। यही कारण है कि बाकी दरबारी भी

इस बात को जानते हैं पर कहने का साहस नहीं करते क्योंकि तेनालीराम का जादू आपके सिर चढ़कर बोलता है। उसकी शिकायत तो आप सुन ही नहीं सकते। यही कारण है कि वह....।

"कैसे विश्वास कर लें हम तुम्हारी बात पर - जबकि हम जानते हैं कि तेनालीराम हमारा सच्चा वफादार है। सुनो दरबारी हम विश्वास से कह सकते हैं कि तुम्हें कहीं से गलत सूचना मिली है।" अपने-अपने विश्वास की बात है महाराज, आपको जिस प्रकार तेनालीराम पर विश्वास है, मुझे अपनी सूचना पर विश्वास है। पूरी जाँच-परख के उपरान्त ही मैंने यह बात आपके समक्ष रखने का साहस किया है।

उस दरबारी की दृढ़ता देख एक बार तो कृष्णदेव भी सोचने पर विवश हो गए कि कहीं यह दरबारी सत्य तो नहीं कह रहा है? फिर कुछ सोचकर बोले- "ठीक है हम इस बात की गुप्त जाँच करवाएंगे और तेनालीराम के दोषी पाए जाने पर, राजद्रोह के अपराध में उन्हें कठोर दण्ड दिया जाएगा।

दरबारी अभिवादन कर चला गया।

उसके जाते ही महाराज ने तेनालीराम को बुलाया और सीधे लहजे में पूछा - "तेनालीराम! हमें सूचना मिली है कि तुम राजद्रोह में शामिल हो और पड़ोसी राजा से मिलकर हमारे राज्य की गुप्त सूचना उसे देते हो। क्या यह सत्य है?

तेनालीराम हकबकाए से खड़े कृष्णदेव राय का चेहरा देखते रहे। आरोप ऐसा था कि उनके दिमाग पर सन्नाटा छा गया। कहें तो क्या कहें।

"तुम्हारी खामोशी इस बात की गवाह है कि हमें जो सूचना मिली है वह सत्य है - तुम देशद्रोही और गद्दार हो।"

"महाराज! तेनालीराम की आँखें भर आईं। यदि पड़ोसी राजा से तुम्हें इतनी हमदर्दी है तो जाओ, वहीं जाकर रहो, यह राज्य फौरन छोड़ दो।" महाराज ने अपना निर्णय सुना दिया।

महाराज! इतने बड़े अपराध की इतनी मामूली सजा? रुंधे से स्वर में तेनालीराम बोला।

तुम्हारी अब तक की सेवाओं, मित्रतापूर्ण व्यवहार तथा तुम्हारे पद की गरिमा को देखते हुए तुम्हें इतना ही दण्ड देना उचित है। किन्तु यदि

यही अपराध किसी और ने किया होता तो हम उसकी बोटियां नुचवा कर चील, कौवों को खिला देते। क्रोध से बिफर कर महाराज बोले।

तेनालीराम ने महाराज का निर्णय सुनकर सिर झुका लिया। अपनी सफाई दिए बिना ही तेनालीराम चुपचाप वहाँ से चले गए।

दूसरे दिन, पूरे विजयनगर में यह बात फैल गई की तेनालीराम राज्य छोड़कर चले गए हैं। दरबारियों की तो खुशी की सीमा नहीं रही। अब तो वे सब महाराज पर अपना-अपना प्रभाव बढ़ाने और पदोन्नति पाने के विषय में सोचने लगे। उधर तेनालीराम, विजयनगर के शत्रु राजा की राजधानी पहुँचे और राजा से भेंट की। फिर छन्दों में उसके तथा उसके राज्य के गुणों का वर्णन किया। राजा उसे पहचानते नहीं थे। उन्होंने प्रसन्न होकर तेनालीराम से उनका परिचय पूछा। तेनालीराम का परिचय पाकर राजा बड़ा प्रसन्न हुआ। उसने उसका बड़ा नाम सुना था। अतः उसने आदेश दिया कि तेनालीराम का स्वागत राजकीय अतिथि की तरह किया जाए।

सारी औपचारिकताओं के बाद राजा ने उसे अपने करीब ही सिंहासन पर बैठाया और बोला - "तेनालीराम जी, आपके महाराज कृष्णदेव राय तो हमें अपना शत्रु समझते हैं फिर आप कैसे इतनी निडरता से हमारे राज्य में चले आए? क्या आपको ऐसा नहीं लगा कि हमारे राज्य में आपका कोई अहित हो सकता है? क्या आप अपने महाराज का कोई संदेश लाये हैं?

"राजन्! आप विद्वान, नेक और गुणी हैं, अपार शक्ति के स्वामी और सुयोग्य प्रशासक तथा प्रजा का हित चाहने वाले हैं। बिल्कुल ऐसे ही गुण हमारे महाराज में हैं, वे आपको अपना शत्रु नहीं मित्र मानते हैं। आपके और हमारे राज्य में शत्रुता का जो भ्रम बना हुआ है, उसी के निवारण के लिए महाराज ने मुझे आपके पास भेजा है।

"क्या कहा?" राजा चौंके - महाराज कृष्णदेव राय ने आपको स्वयं हमारे पास भेजा है और वे हमें अपना मित्र मानते हैं। किन्तु हमारे गुप्तचरों के अनुसार वे हम पर हमला करने की तैयारियां कर रहे हैं।

राजन्! ये गुप्तचरों की अज्ञानता है। हमारे गुप्तचरों का भी ऐसा ही कहना है। लगता है कहीं कोई गलतफहमी उत्पन्न हो गई है और दोनों राज्य की फौजें आपने-सामने आ गई हैं। राजन्! इतिहास गवाह है कि युद्ध किसी के लिए भी लाभकारी सिद्ध नहीं हुआ, इसी कारण सत्यता का पता लगाने के लिए हमारे महाराज ने हमें आपके पास भेजा है कि किस कारण आप युद्ध के लिए उतावले हैं।

"हम तो हरगिज भी युद्ध नहीं चाहते हैं। आपकी सेनाएं सीमा पर आईं तो बचाव में हमें भी सेना भेजनी पड़ी, अब आप कहते हैं कि महाराज कृष्णदेव राय युद्ध नहीं चाहते मगर हम किस प्रकार विश्वास करें कि वे युद्ध के नहीं मित्रता के इच्छुक हैं।"

"आप कल ही कुछ उपहार व सन्धि पत्र लेकर अपना दूत विजय नगर के लिए रवाना कर दें। उस दूत को मैं अपना भी एक पत्र दूंगा। यदि महाराज कृष्णदेव राय ने उपहार स्वीकार कर लिए तो मित्रता समझी जाए और यदि न स्वीकार करें तो आप जो चाहे मुझे दण्ड दे दें।"

किन्तु यह तो मेरी ओर से सुलह हुई। ये तो मेरी ओर से हठी मानी जाएगी। लोग कहेंगे मैंने डरकर संधि का प्रस्ताव भेजा। नहीं इसमें हठी की कोई बात नहीं। प्रजा की भलाई और शांति के लिए किया गया कोई कार्य शर्मनाक नहीं होता- तेनालीराम बोले।

राजा की समझ में आ गया और दूसरे ही दिन उसने कीमती उपहारों के साथ एक दूत विजयनगर की ओर रवाना कर दिया।

उधर दो ही दिन में महाराज को चालाक दरबारियों की करतूत पता लग चुकी थी। उन्होंने सोच लिया कि ऐसे दरबारियों को कठोर दण्ड

देंगे, किन्तु इससे पहले वे तेनालीराम के विषय में जानने के लिए बेचैन थे कि वह कहाँ होगा।

तीसरे दिन जैसे ही पड़ोसी देश का दूत बहुमूल्य उपहार और संधि पत्र लेकर महाराज कृष्णदेव राय के पास पहुँचा और सारी बात बताई, वैसे ही महाराज प्रसन्न हो उठे। मन ही मन में उन्होंने तेनालीराम की बुद्धि की प्रशंसा की और तुरंत एक मंत्री को उपहारों सहित पड़ोसी राज्य के लिए रवाना कर दिया और एक पत्र में ये भी प्रार्थना की कि तेनालीराम को सम्मान सहित हमारे मंत्री के साथ भेज दें।

और जब तेनालीराम वापस विजयनगर पहुँचे तो महाराज ने उसको अपने सीने से लगा लिया।

जिन दरबारियों ने तेनालीराम के विरुद्ध षड्यंत्र रचा था। उन्हें काफी शर्मिंदगी उठानी पड़ी। राजा उन्हें कठोर दण्ड देने के पक्ष में थे मगर तेनालीराम ने उन्हें ऐसा करने से रोक दिया और कहा- महाराज! यदि ये ऐसा नहीं करते तो पड़ोसी राज्य से शत्रुता कैसे समाप्त होती।

अपने प्रति तेनालीराम के मन में अब भी आदर देख उन सभी के सिर शर्म से झुक गए।

19

कर्ज का बोझ

एक बार तेनालीराम की पत्नी बीमार पड़ गई तो तेनालीराम को उसके इलाज के लिए महाराज से हज़ार स्वर्ण मुद्राएं उधार लेनी पड़ी। खैर उचित देखभाल और इलाज से उनकी पत्नी ठीक हो गई।

एक दिन महाराज ने तेनालीराम से कहा – "तेनालीराम! अब हमारा कर्जा चुकाओ।"

तेनालीराम कर्ज की वह रकम देना नहीं चाहते थे। अतः हाँ-हूँ और आज-कल करके बात को टाल रहे थे। एक बार महाराज ने बड़ी सख्ती से तेनालीराम को कर्ज लौटाने को कहा। महाराज जितनी सख्ती से तेनालीराम को कर्ज लौटाने के लिए कहते, तेनालीराम की कर्ज न देने की इच्छा और भी दृढ़ हो जाती। एक दिन तेनालीराम ने सोचा, राजा का कर्ज राजा के मुंह से ही माफ करवाऊंगा।

दूसरे ही दिन महाराज के पास खबर आई की तेनालीराम बहुत सख्त बीमार है और अगर अंतिम समय में महाराज उसका चेहरा देखना चाहते हैं तो देख लें।

महाराज! तुरंत तेनालीराम के घर पहुँचे। देखा कि तेनालीराम बिस्तर पर पड़े हैं और उनकी पत्नी और माँ रो रही हैं। महाराज को देखते ही तेनालीराम की पत्नी बोली – "महाराज, ये बड़े कष्ट में हैं। इनके बचने की कोई उम्मीद नहीं है। मगर कहते हैं कि जब तक मुझ पर राजा का उधार है, तब तक मेरे प्राण आसानी से नहीं निकलेंगे।"

महाराज की आंखें भर आईं। वे बोले- तेनालीराम! मुझे तुम्हारी मृत्यु का दुख तो बहुत होगा। तुम्हारी कमी मेरे जीवन में कोई पूरी नहीं कर

सकता – मैं तुम्हें इस प्रकार कष्ट में नहीं देख सकता – मैं तुम्हारा कर्ज माफ करता हूँ – सच तो यह है कि मैं ये स्वर्ण मुद्राएं वापस लेना ही नहीं चाहता था, मैं तो कर्ज का तकाजा करके ये देखना चाहता था कि देखें की इस कर्ज से तुम किस प्रकार मुक्ति पाते हो।

"फिर ठीक है महाराज!" तेनालीराम बिस्तर से उठ खड़े हुए। अरे–अरे – तेनालीराम, तुम्हारी तबियत।

"अब बिल्कुल ठीक है महाराज – दरअसल मैं तो आपके कर्ज के बोझ से मर रहा था। किन्तु आपने जब कर्ज ही माफ कर दिया है तो कैसा मरना – आप धन्य हैं महाराज! जो आपने मुझे असमय ही मरने से बचा लिया – मैं तो चाहता हूँ कि मैं जन्म–जन्म आप जैसे कृपालु राजा की सेवा करता रहूँ।"

महाराज! तेनालीराम का चेहरा देखते रह गए।

20

उबासी की सजा

एक दिन तेनालीराम को संदेश मिला कि रानी तिरुमला देवी इस समय संकट में हैं और आपसे मिलना चाहती हैं। तेनालीराम तुरंत रानी से मिलने गए।

"रानी जी! कैसे याद किया सेवक को?"

"तेनालीराम जी! हम एक भारी मुसीबत में फंस गए हैं।"

"मेरे होते आप किसी प्रकार की चिन्ता न करें और मुझे बताएं कि क्या बात है?"

दिलासा पाकर रानी की आंखें भर आईं। वे बोलीं – "बात दरअसल यह है कि महाराज हमसे काफी नाराज हैं।"

"किन्तु क्यों? क्या हुआ?"

एक दिन वह हमें एक नाटक पढ़कर सुना रहे थे कि हमें उबासी आ गई। बस इसी बात पर महाराज नाराज होकर चले गए। तब से आज तक कई दिन हो गए महाराज ने इस तरफ का रुख नहीं किया। हालांकि इसमें मेरा कोई दोष नहीं है, फिर भी मैंने महाराज से माफी मांगी पर महाराज पर कोई असर नहीं हुआ। अब तो तुम्हीं हमारी समस्या को हल कर सकते हो तेनालीराम।

"आप किसी प्रकार की चिन्ता न करें। मैं अपनी ओर से पूरा प्रयास करूंगा।"

महारानी को ढाढ़स बंधा कर तेनालीराम दरबार में जा पहुँचे। महाराज वहाँ बैठे राज्य में चावल की खेती पर मंत्रियों से चर्चा कर रहे थे।

"चावल की उपज बढ़ाना आवश्यक है।" महाराज कह रहे थे - "हमने बहुत प्रयत्न किए हैं। हमारे प्रयत्नों से स्थिति में सुधार तो हुआ। लेकिन समस्या पूरी तरह सुलझी नहीं है।"

महाराज! तभी तेनालीराम ने चावल के बीजों में से एक बीज उठाकर कहा - "यदि इस किस्म का बीज बोया जाए तो इस साल उपज दोगुनी-तिगुनी हो जाएगी।"

"अच्छा- क्या इस किस्म का बीज इसी खाद में हो जाएगा?"

"हाँ, महाराज! इसी प्रकार और दूसरा प्रयत्न करने की आवश्यकता ही नहीं, किन्तु?"

"किन्तु क्या तेनालीराम।"

"इसे बोने, सींचने और काटने वाला व्यक्ति ऐसा हो। जिसे जीवन में कभी उबासी न आई हो और न आए।"

"तेनालीराम तुम्हारे जैसा मूर्ख मैंने आज तक नहीं देखा।"

महाराज चिढ़ से गए - "क्या संसार में कोई ऐसा व्यक्ति है जिसे कभी उबासी न आई हो।"

"ओह! क्षमा करें महाराज! मुझे नहीं मालूम था कि उबासी सभी को आती है - "मैं ही क्या रानी जी भी यही समझती हैं कि उबासी आना बहुत बड़ा जुर्म है - "मैं अभी जाकर रानी जी को बताता हूँ। अब महाराज की समझ में पूरी बात आ गई। वे समझ गए कि हमें रास्ते पर लाने के लिए ही तेनालीराम ने ऐसा कहा है। वे बोले- मैं स्वयं जाकर महारानी को बता दूंगा।"

महाराज तुरंत महल में जाकर रानी जी से मिले और उनके सभी शिकवे समाप्त कर दिए।

21

दंड

तेनालीराम ने राजा से एक बार यह वचन ले लिया था कि अगर कभी मुझसे कोई अपराध हुआ तो फैसला करने के लिए पंचों का चुनाव मैं स्वयं करुँगा।

महाराज ने वचन दे दिया। उन्हें पूरा विश्वास था कि तेनालीराम से कोई अपराध नहीं होगा और वह वचन, वचन ही रहेगा। किंतु कुछ दिनों बाद तेनालीराम ने हंसी-हंसी में कोई ऐसी बात कह दी जो महाराज की दृष्टि में अपराध था।

उन्होंने तेनालीराम से कहा- तुम्हें, तुम्हारी उदंडता के लिए दंड दिया जाएगा।

ठीक है महाराज! किंतु महाराज को स्मरण होगा कि वे मुझे अपने किसी अपराध का दण्ड देने के लिए पंच चुनने का अधिकार दे चुके हैं।

"हाँ, याद है, तुम्हें पंच चुनने की आज्ञा है।"

तेनालीराम ने नगर के मजदूरों में से पांच आदमियों को चुन लिया। सब दरबारी और स्वयं महाराज भी तेनालीराम का चुनाव देखकर हैरान थे कि ये लोग भला क्या पंचायत करेंगे।

खैर! पंचों को आसन दिए गए।

इधर पंचों की प्रसन्नता का भी कोई अंत नहीं था। जीवन में पहली बार उन्हें यह सम्मान और सौभाग्य मिला था। सारी बात सुनकर पंच

आपस में सलाह-मशवरा करने लगे। एक ने कहा, "तेनालीराम ने राजा के सामने उद्‌ण्डता दिखाई है। उस पर कम से कम बीस स्वर्ण मुद्राएं जुर्माना होना चाहिए। दूसरे पंच को लगा कि बीस स्वर्ण मुद्राएं तो बहुत हैं, तेनालीराम ठहरा बाल-बच्चे वाला आदमी। वह बोला- नहीं भई, बीस तो बहुत होंगी, पंद्रह ठीक हैं।"

तीसरे पंच ने कहा, "पंद्रह स्वर्ण मुद्राएं क्या कम होती हैं? दस से अधिक स्वर्ण मुद्राओं का दण्ड देना अन्याय होगा। चौथा कुछ अधिक ही दयावान था। बोला, "आप लोग सोचिए, हममें से किसी को दस

स्वर्ण मुद्राओं का जुर्माना हो तो हमारी हालत क्या होगी, इसलिए मेरी राय तो पांच की है।

पांचवें ने कहा, "पांच ठीक है। इतने में ही तेनालीराम की अक्ल ठिकाने आ जानी चाहिए।

पांच स्वर्ण मुद्राओं के दंड का फैसला सुनकर राजा और सारे दरबारी दंग रह गए। उन्होंने स्वप्न में भी न सोचा था कि तेनालीराम इतना सस्ता छूट जाएगा। लेकिन हर एक का विचार था कि तेनालीराम की सूझ-बूझ इस बार भी काम कर गई। उसने पंचों के रूप में ऐसे व्यक्तियों को चुना था, जिनके लिए पांच स्वर्ण मुद्राएं भी बहुत बड़ी बात थीं।

अगर फैसला राजा ने दिया होता तो तेनालीराम को कम से कम एक हजार स्वर्ण मुद्राओं का दण्ड दिया जाता, लेकिन तेनालीराम इस बार फिर साफ बच निकला था।

22

स्वर्ग से सुंदर विजयनगर

एक बार महाराज कृष्णदेव राय को न जाने क्या सूझा कि उन्होंने विजयनगर को सजाने-संवारने का हुक्म दे दिया। वह विजयनगर को सुन्दरता और स्वच्छता में बेजोड़ देखना चाहते थे। अतः उन्होंने प्रधानमंत्री को बुलाकर उन्हें अपनी इच्छा से अवगत कराया तथा आवश्यक निर्देश भी दिए।

''मंत्री जी! हमारे सपनों का विजयनगर ऐसा होना चाहिए कि स्वर्ग के देवता भी विजयनगर से ईर्ष्या करें। इस कार्य के लिए कितना भी धन खर्च हो, इसकी तनिक भी चिन्ता न करें।

आदेश मिलते ही विजयनगर की कायाकल्प का कार्य होने लगा। कुछ ही समय में विजयनगर की चर्चा आर्यावर्त के सुन्दरतम राज्यों में होने लगी। दूर-दूर से सैलानियों के झुण्ड विजयनगर घूमने आते और महाराज कृष्णदेव की चर्चा करते। ज्यों-ज्यों विजयनगर की कीर्ति फैल रही थी, त्यों-त्यों महाराज फूले न समा रहे थे।

एक दिन दरबार लगा हुआ था। सभी अपने-अपने आसनों पर विराजमान थे और अपने मंत्रियों की प्रशंसा करते हुए महाराज कह रहे थे - ''हमारे प्रधानमंत्री जी की मेहनत से विजयनगर की खूबसूरती में चार चांद लग गए, फिर भी यदि आपकी दृष्टि में कोई कमी हो तो बताइये ताकि उसे भी दूर किया जाए।

''अन्नदाता!'' लगभग सभी ने समवेत स्वर में उत्तर दिया। विजयनगर जैसा सुन्दर राज्य तो पूरी पृथ्वी पर दूसरा नहीं है। हमें तो इसकी सुन्दरता में कोई कमी या दोष दिखाई नहीं देता।

पूरा दरबार महाराज कृष्णदेव और प्रधानमंत्री की प्रशंसा के गीत गा रहे थे। तभी पुरोहित की दृष्टि तेनालीराम पर पड़ी जो मुंह पर हाथ रखे पूरे दरबार की कार्यवाही देख रहे थे। देखते ही उसने महाराज से कहा– "महाराज! तेनालीराम को शायद विजयनगर की प्रशंसा पसन्द नहीं आई। देखिए किस प्रकार चुपचाप बैठे हैं। लगता है आपकी खुशी से इनको कोई खुशी प्राप्त नहीं हुई।

महाराज ने तेनालीराम की ओर देखा और पूछा – तेनालीराम! इस प्रकार गुमसुम क्यों बैठे हो? आज पूरे विजयनगर की प्रशंसा हो रही है। क्या तुम्हें इस बात की कोई खुशी नहीं है?

"खुशी तो बहुत है महाराज! मगर"

"मगर....मगर क्या? जवाब दो तेनालीराम – अवश्य ही कोई ऐसी बात है जो तुम्हें भली प्रतीत नहीं हो रही।"

एक कमी रह गई है महाराज।

कैसी कमी? कमी की बात सुनकर राजा तिलमिला से गए – स्पष्ट करो तेनालीराम, यदि तुमने वह कमी न बताई तो तुम्हें मृत्युदण्ड मिलेगा।

मुझे मंजूर है, महाराज! किन्तु उस कमी को देखने के लिए आपको मेरे साथ नगर भ्रमण पर चलना होगा।

"ठीक है, चलो।"

तेनालीराम, महाराज व अन्य दरबारियों को लेकर कमी दिखाने चल पड़ा। सभी अधिकारी, मंत्रिगण व स्वयं महाराज भी चकित थे कि ऐसी कौन सी कमी रह गई जो तेनालीराम को मृत्युदण्ड का भी भय नहीं है।

कृष्णदेव की सवारी महल से बाहर निकली और सुनसान सड़क पर चल दी। हमेशा ऐसा होता था कि जैसे ही महाराज की सवारी महल

से बाहर निकलती, त्यों ही प्रजा सड़क के दोनों ओर एकत्रित हो जाती तथा महाराज की जय-जयकार के स्वर बुलंद होने लगते। लोग महाराज पर फूलों की वर्षा करते, किन्तु इस बार ऐसा कुछ भी नहीं था। न प्रजा थी न जय-जयकार का उद्घोष, न फूलों की वर्षा और न किसी प्रकार का उत्साह। एक अजीब सा सन्नाटा चारों ओर बिखरा हुआ था। निःशब्द सवारी आगे बढ़ती जा रही थी। ये सन्नाटा महाराज को बड़ा अजीब लगा।

महाराज ने तेनालीराम की ओर देखा।

महाराज इस सुन्दरता के चक्कर में आप प्रजा से दूर हो गए और प्रजा आपसे दूर चली गई। क्या इससे भी बड़ी कोई कमी हो सकती है? तेनालीराम ने कहा।

राजा ने मंत्री की ओर देखा।

''महाराज फूल आदि बरसाकर विजयनगर की प्रजा सड़कें गंदी न करें व्यर्थ का ध्वनि प्रदूषण न फैलाये, इसलिए इन सब कार्यों पर रोक लगा दी गई हैं।

इस बीच महाराज का रथ नगर से दूर एक बस्ती में आ गया। वहाँ आकर महाराज को पता लगा नए-नए कर लगाकर प्रजा की कमर तोड़ दी गई है। विजयनगर की सुन्दरता के चक्कर में व्यक्तियों की ओर ध्यान नहीं दिया जा रहा। बस्तियों में गंदगी के कारण बीमारियां फैल रही हैं। प्रजा के इस कष्ट को देखकर महाराज का दिल बहुत दुखी हो गया। समझ गए कि क्या कमी है, पहले वाले विजयनगर की अपेक्षा आज के विजयनगर में। उन्होंने फौरन आज्ञा दी - ''सारे काम बंद करा दिए जाएं। बढ़े व नए कर वापस लिए जाएं। प्रजा का जीवन ही सुन्दर नहीं बना तो विजयनगर की सुन्दरता का क्या महत्व। हमें प्रजा और अपने बीच की दूरी स्वीकार नहीं। सचमुच तेनालीराम ने एक बड़ी भूल की ओर ध्यान आकृष्ट किया है। उसी दिन से राजा की नजरों में तेनालीराम की इज्जत और बढ़ गई।

23

महामूर्ख तेनालीराम

होली और दीपावली दो ऐसे त्योहार थे, जिन पर महाराज कृष्णदेव राय अपने दरबारियों को विशेष उपाधियां व उपहार दिया करते थे। दीवाली पर पंडित जी की और होली पर महामूर्ख राज की उपाधि दी जाती थी। इसे इत्तफाक ही कहा जाएगा कि अपनी तीक्ष्ण बुद्धि के बल पर हर बार यह उपाधि और उनसे संबंधित उपहार तेनालीराम ही झटक ले जाते थे।

इस बार भी होली का त्योहार आया तो चारों ओर धूम-धाम मच गई। सभी दरबारियों की एक गुप्त सभा तय हुई, जिसमें तय हुआ कि इस बार 'महामूर्ख राज' का उपहार और खिताब तेनालीराम को नहीं लेने दिया जाएगा।

महाराज की ओर से इस बार दस हजार स्वर्ण मुद्राओं का इनाम घोषित किया गया था। खैर, इस बार दरबारियों ने फैसला कर लिया कि किसी भी सूरत में खिताब का उपहार तेनालीराम को न लेने दिया जाए। इसके लिए उन्होंने तेनालीराम के खास सेवक को पढ़ा-लिखाकर व इनाम का लालच देकर तेनालीराम को ढेर सारी भांग पिला दी ताकि होली उत्सव पर वह अपने घर पर ही सोता रहे और राजकीय उत्सव में शामिल न हो सके। दोपहर बाद तेनालीराम का नशा हल्का हुआ तो वह हड़बड़ा कर उठा और घबराहट में ही राजमहल की ओर दौड़ पड़ा। राजा कृष्णदेव राय उसे देखते ही डपट कर बोले – "अरे तेनालीराम, यह क्या मूर्खता की कि आज के दिन भी भांग पी कर सो गए।" तेनालीराम

पर झाड़ पड़ते देखकर सभी दरबारी प्रसन्न हो उठे और बोले – "आप बिल्कुल ठीक कहते हैं महाराज! सचमुच बड़ा ही महामूर्खतापूर्ण कार्य किया है तेनालीराम ने। ये मूर्ख ही नहीं महामूर्ख है।"

"हाँ – महामूर्ख।"

"महाराज के श्रीमुख से यह सुनते ही तेनालीराम की आँखें चमक उठीं और वह बोला- आपने मुझे महामूर्ख कहा महाराज?"

तुम्हारा कार्य ही मूर्खों जैसा है। तुम्हें तो इस राजकीय उत्सव में सबसे पहले उपस्थित होना चाहिए था।"

"इसलिए मैं महामूर्ख हुआ।"

"बिल्कुल। महाराज चटकारा-सा लेकर बोले।"

क्यों भाईयों। तेनालीराम दरबारियों की ओर घूम गए। फिर पूछा क्या आप लोग भी ऐसा समझते हैं कि मैं महामूर्ख हूँ।

"हाँ, तुम बिल्कुल महामूर्ख हो।" सभी दरबारी एक स्वर में बोले।

महाराज! तेनालीराम ने कृष्णदेव राय से मुखातिब होकर बोला - आपका और पूरी सभा का आज होली उत्सव पर यह फैसला है कि मैं महामूर्ख हूँ इसलिए महाराज से मेरा निवेदन है कि इस उत्सव की सबसे बड़ी उपाधि महामूर्ख और उसका पुरस्कार 10 हजार स्वर्ण मुद्राएं मुझे प्रदान करने की कृपा करें।

इस प्रकार होली के अवसर की सबसे बड़ी उपाधि और पुरस्कार तेनालीराम ने झपट लिया। उसकी चतुराई देखकर महाराज मन ही मन उसकी प्रशंसा किए बिना न रह सके।

24

कुएं में खजाना

एक बार विजयनगर में ऐसी भीषण गर्मी पड़ी कि नगर के सभी बाग-बगीचे सूख गए। नदियों और तालाबों का जल स्तर घट गया।

तेनालीराम के घर के पिछवाड़े भी एक बड़ा बाग था, जो सूखता जा रहा था। उसके बाग में एक कुआं था तो सही, मगर उसका पानी इतना नीचे चला गया था कि दो बाल्टी जल खींचने में ही नानी याद आ जाए। तेनालीराम को बाग की चिन्ता सताने लगी।

एक शाम तेनालीराम अपने बेटे के साथ बाग का निरीक्षण कर रहा था और सोच रहा था कि सिंचाई के लिए मजदूर को लगाया जाए या नहीं कि तभी उसकी नजर तीन-चार व्यक्तियों पर पड़ी जो सड़क के दूसरी पार एक वृक्ष के नीचे खड़े उसके मकान की ओर देख रहे थे। फिर एक दूसरे से इशारे कर करके वे कुछ कहने भी लगे।

तेनालीराम को समझते देर नहीं लगी कि ये सेंधमार है और चोरी करने के इरादे से ही उसके मकान का मुआयना कर रहे हैं। तेनालीराम के मस्तिष्क में बाग की सिंचाई की एक युक्ति आ गई। उसने ऊंची आवाज में अपने पुत्र से कहा- बेटे, सूखें के दिन हैं। चोर-डाकू बहुत घूम रहे हैं। गहनों और अशर्फियों का संदूक घर में रखना ठीक नहीं-आओ इस संदूक को उठाकर इस कुएं में डाल दें ताकि कोई चुरा न सके। आखिर किसे पता चलेगा कि तेनालीराम का सारा धन कुएं में पड़ा है। यह बात तेनालीराम ने इतने जोर से कही, जिससे दूर खड़े चोर भी स्पष्ट सुन लें।

अपनी बात कहकर तेनालीराम ने बेटे का हाथ पकड़ा और मकान के भीतर चला गया। मन ही मन में वह कह रहा था - आज इन चोरों को ढंग का कुछ काम करने का मौका मिलेगा और अपने बाग की सिंचाई भी हो जाएगी।

बाप-बेटे ने मिलकर एक संदूक में कंकड़-पत्थर भरे और उसे उठाकर बाहर लाए फिर कुएं में फेंक दिया। छपाक की तेज आवाज के साथ संदूक पानी में चला गया।

तेनालीराम फिर ऊंचे स्वर में बोला -"अब हमारा धन सुरक्षित है।" उधर घर के पिछवाड़े खड़े चोर मन ही मन मुस्कराए।

"लोग तो व्यर्थ ही तेनालीराम को चतुर कहते हैं। यह तो निरा मूर्ख है। इतना भी नहीं जानता कि दीवारों के भी कान होते हैं।" एक चोर बोला।

दूसरे चोर ने अपने साथियों से कहा - "आओ चलें, आज रात इसका सारा खजाना हमारे कब्जे में होगा।"

तेनालीराम अपने घर चले गए और चोर अपने रास्ते चले गए। रात हुई चोर आए और अपने काम में जुट गए। वे बाल्टी भर-भर कर कुएं से पानी निकालते और धरती पर उड़ेल देते। उधर तेनालीराम और उसका पुत्र पानी को क्यारियों की ओर करने के लिए खुरपी से नालियां बनाने लगे। उन्हें पानी निकालते-निकालते सुबह के चार बज गए। तब कहीं जाकर संदूक का एक कोना दिखाई दिया। बस फिर क्या था उन्होंने कांटा डालकर संदूक बाहर खींचा और जल्दी से उसे खोला तो यह देखकर हक्के-बक्के रह गए कि उसमें पत्थर भरे थे।

अब तो चोर सिर पर पैर रखकर भागे कि मूर्ख तो बन ही चुके हैं, अब कहीं पकड़े न जाएं।

दूसरे दिन जब तेनालीराम ने यह बात महाराज को बताई तो वे खूब हंसे और बोले- "कभी-कभी ऐसा भी होता है कि मेहनत तो कोई करता है और फल कोई और ही खाता है।

25

कृष्णदेव राय की शर्त

महाराज कृष्णदेव राय कई बार अपने दरबारियों की विलक्षण परीक्षाएं लिया करते थे। ऐसे ही उन्होंने एक दिन भरे दरबार में सभी छोटे बड़े दरबारियों को हजार-हजार अशर्फियों से भरी एक-एक थैली दी। फिर बोले- आप सबको एक सप्ताह का समय दिया जाता है, सप्ताह भर के अन्दर-अन्दर आपको यह धन अपने ऊपर खर्च करना है किन्तु शर्त ये है कि आप लोग खर्च करते समय हमारा मुंह अवश्य देखें।

सभी दरबारियों ने हंसी-खुशी वह थैली ले ली और बाजार की ओर चल दिए। मगर अशर्फियों को लेकर एकाएक ही परेशान हो उठे।

खरीदारी तो वे करते, मगर राजा की शर्त याद आते ही परेशान हो उठते। कारण कि अशर्फियां खर्च करने से पहले राजा का मुंह कैसे देखें? इसी परेशानी के आलम में एक सप्ताह गुजर गया। राजा की आज्ञा का उल्लंघन भी नहीं किया जा सकता था। यदि महाराज ने पूछा कि खर्च करने से पहले मेरा मुंह किस प्रकार देखा तो क्या जवाब देंगे?

एक सप्ताह बाद दरबार लगा तो सबसे पहले दरबारियों से महाराज ने यही पूछा-बताइये आप लोगों ने क्या-क्या ख़रीदारी की?

"हम कुछ भी कैसे खरीद सकते थे - महाराज! बाजार में आपके दर्शन कैसे और कहाँ होते? इस प्रकार न आपके दर्शन हुए, न अशर्फियां खर्च हुईं।" सभी की ओर से राजपुरोहित ने यह उत्तर दिया।

"और तेनालीराम क्या तुम भी अशर्फियां खर्च नहीं कर पाए?"

"महाराज, मैंने तो सारी अशर्फियां खर्च कर दी। ये नई धोती, नया कुर्ता, नया दुपट्टा और यहाँ तक की ये नई जूतियाँ भी मैंने उन अशर्फियों से खरीदी हैं।"

इसका मतलब आपने हमारी आज्ञा का उल्लंघन किया।" महाराज ने आँखें तरेरी। हरगिज नहीं महाराज! बड़े ही सीधे और नरम लहजे में तेनालीराम ने कहा – "एक-एक अशर्फी आपका श्रीमुख देखकर ही खर्च की। किन्तु कैसे? आप भूल रहे हैं महाराज, एक-एक अशर्फी पर आपका चित्र अंकित है।

ओह! महाराज मुस्करा उठे।

जबकि सभी दरबारी हक्के-बक्के मगर शर्मिन्दा होकर तेनालीराम का चेहरा देखते रह गए।

26

बुरे फंसे दरबारी

कृष्णदेव राय की दिनचर्या थी कि वे सुबह-सुबह उद्यान में टहलने जाया करते थे और उस समय उनके साथ केवल तेनालीराम ही होते थे। इस समय महाराज बहुत से गम्भीर निर्णय ले लिया करते थे, कई भविष्य की योजनाएं बना लिया करते थे, जिसकी खबर तेनालीरराम को होती थी किन्तु बाकी दरबारियों को कोई भी बात समय के साथ ही पता चलती थी।

अतः कुछ दरबारियों ने सोचा कि महाराज के साथ तेनालीराम का घूमना बंद कराया जाए। अतः एक रात उन्होंने कुछ गायें लेकर राज उद्यान में छोड़ दीं। रात भर में गायों ने उद्यान को उजाड़कर रख दिया।

अगले दिन प्रातः महाराज भोर में अकेले ही वहाँ आए तो गायों को वहाँ चरता देख और उद्यान की उजड़ी हालत देखकर आग बबूला हो उठे और फौरन माली को तलब किया - "ये गायें राज उद्यान में कैसे आईं।"

महाराज, सहमकर माली बोला - "ये गायें तो तेनालीराम जी ने यहाँ छुड़वाई हैं।"

"तेनालीराम ने?" महाराज को बड़ा आश्चर्य हुआ।

इसी बीच अन्य दरबारी भी उद्यान में आ गए। मामले को समझते ही वे बोले - "महाराज, दरअसल तेनालीराम को आप हर रोज साथ घूमने के लिए बुला लेते हैं, शायद इसी कारण क्रोधित होकर उसने

ऐसा कदम उठाया हो कि न उद्यान रहेगा और न आप घूमेंगे और न समय-असमय आप उसे बुलाएंगे।

कृष्णदेव को यह सुनकर बड़ा क्रोध आया और उन्होंने तुरंत आदेश दिया कि उद्यान में हुए नुकसान के बदले तेनालीराम से पांच हजार स्वर्ण मुद्राएं वसूली जाएं और इन गायों को राज्य की पशुशाला में भिजवा दिया जाए।

दिन चढ़ते-चढ़ते ये खबर तेनालीराम तक भी जा पहुँची। तीन दिन तक वह दरबार में आए ही नहीं। तीन दिन बाद दरबार में आए। उनके साथ कुछ ग्वाले भी थे। तेनालीराम ने महाराज को प्रणाम किया और बोले - महाराज मुझसे जुर्माना वसूल करने से पहले आप कृपया इनकी बात सुन लें, उसके बाद ही मेरे बारे में कोई राय कायम करें।

ठीक है, महाराज ग्वालों से मुखातिब हुए –"क्या कहना चाहते हैं आप लोग?"

"महाराज! आपके कुछ दरबारी हमारी गायें खरीदकर लाये थे, उन्होंने यह कहा था कि दो-तीन दिनों में पैसे दे जाएंगे। मगर उन्होंने आज चौथे दिन तक भी उनकी कीमत अदा नहीं की। हमारी महाराज से विनती है कि हमें गायों की कीमत दिलवाई जाए।"

राजा कृष्णदेव राय ने सारी बात की जाँच की तो पता चला कि तेनालीराम को बदनाम करने के लिए दरबारियों ने यह चाल चली थी।

महाराज ने हुक्म दिया कि जो पांच हजार स्वर्ण मुद्राओं का जुर्माना तेनालीराम को भरना था, वह जुर्माना अब गाय खरीद कर लाने वाले दरबारी भरेंगे तथा गायों की कीमत भी आज ही चुकाएंगे।

इस प्रकार तेनालीराम की बुद्धि से वे बेचारे एक बार फिर मात खा गए।

27

जोड़ की मिठाई

सर्दियों का मौसम था। महाराज कृष्णदेव, तेनालीराम और राजपुरोहित राजमहल के उद्यान में बैठे धूप सेक रहे थे। अचानक कृष्णदेव बोले – 'सर्दियों का मौसम सबसे अच्छा होता है। खूब खाओं और सेहत बनाओ। खाने-पीने की बात सुनकर पुरोहित जी के मुंह में पानी आ गया। वे बोले- "महाराज! सर्दियों में मिठाई और मेवा खाने का अलग ही आनन्द है, वाह! क्या मजा आता है।"

"अच्छा बताओ।" एकाएक राजा ने पूछा – "जाड़े की सबसे अच्छी मिठाई कौन सी है?"

"थोड़ी देर में, पुरोहित जी ने कहा – महाराज! हलवा, मालपूआ, पिस्ते की बर्फी।"

पुरोहित जी ने इस उम्मीद में ढेरों मिठाइयां गिनवा दीं कि महाराज कुछ तो मंगवाएंगे ही।

महाराज ने तेनालीराम की ओर देखा – "तुम बताओ तेनालीराम। तुम्हें जाड़े के मौसम में कौन सी मिठाई पसंद है?"

"जो मिठाई मुझे पसंद है, वह यहाँ नहीं मिलती है महाराज।"

फिर कहाँ मिलती हैं? – महाराज ने उत्सुकता से पूछा, उस मिठाई का क्या नाम है?

"नाम जानकर क्या करेंगे महाराज – आज रात आप मेरे साथ चलें तो वह बढ़िया मिठाई मैं आपको खिला भी सकता हूँ।"

"हम अवश्य चलेंगे।"

और फिर रात होने पर वे साधारण भेस धारण कर तेनालीराम के साथ चल दिए। चलते-चलते तीनों एक गांव में निकल आए। गाँव पार करके खेत पहुंचे।

"अरे भई तेनालीराम और कितनी दूर चलवाओगे?" राजा ने कहा।

"बस महाराज। समझिए पहुँच ही गए। वो सामने देखिए। अलाव जलाए जहाँ कुछ लोग बैठे हैं, वहीं यह मिठाई मिलेगी। कुछ देर में वे उस स्थान पर पहुँच गए जहाँ अलाव जलाए लोग ताप रहे थे। क्योंकि तीनों ने भेस बदला था और अंधेरा भी था, इसलिए कोई उन्हें पहचान नहीं पाया।

वे भी उन्हीं लोगों के पास बैठकर हाथ तापने लगे। पास ही एक कोल्हू था, जिसमें गन्ने की पिराई चल रही थी। तेनालीराम ने उन्हें बैठाया और कोल्हू की ओर चल दिए। एक ओर बड़े-बड़े कड़ाहों में रस पक रहा था। तेनालीराम ने किसान से बात की और तीन पत्तों में गुड़ ले आए।

''लो महाराज! खाओ मिठाई।''

तेनालीराम बोला – ''ये ही है जाड़े की असली मिठाई।''

महाराज ने गरमा-गरम गुड़ खाया तो उन्हें बड़ा स्वादिष्ट लगा।

वाह! वे बोले – ''यहाँ अंधेरे में यह मिठाई कहाँ से मिली?''

''महाराज! ये हमारी धरती में पैदा होती है। क्यों पुरोहित जी! कैसी लगी गरम-गरम मिठाई?''

राजपुरोहित ने भी कभी गरम-गरम बनता हुआ गुड़ नहीं खाया था। वे बोले – ''मिठाई तो वाकई बड़ी स्वादिष्ट है।''

''ये गुड़ है महाराज।''

गुड़? ये कैसा गुड़ है भाई – गरमा-गरम और स्वादिष्ट।

''ये गरमा-गरम है इसलिए आपको बड़ा स्वादिष्ट लग रहा है। महाराज, वास्तव में सर्दियों की मेवा तो गर्मी है – रसगुल्ले बड़े स्वादिष्ट होते हैं, मगर सर्दियों में आपको इतने स्वादिष्ट नहीं लगेंगे।''

''वाह! तेनालीराम – मान गए।''

28

कुएं का विवाह

एक बार महाराज कृष्णदेव राय और तेनालीराम में कहा-सुनी हो गई। तेनालीराम रूठ कर कहीं चले गए। शुरू-शुरू में महाराज ने क्रोध में ध्यान नहीं दिया, मगर आठ-दस दिन गुजर जाने पर महाराज का तेनालीराम के बिना मन उदास हो गया। उन्हें कुछ चिन्ता भी हुई। उन्होंने तुरंत कुछ सेवकों को तेनालीराम की खोज में भेजा।

उन्होंने आसपास का पूरा क्षेत्र छान मारा। तेनालीराम का कहीं कोई पता नहीं चला। महाराज सोचने लगे कि क्या करें? तभी राजा कृष्णदेव को एक युक्ति सूझी। उन्होंने आसपास और दूर-दराज के सभी गाँवों में मुनादी करवा दी कि महाराज अपने राजकीय कुएं का विवाह रचा रहे हैं। अतः गाँव के सभी मुखिया अपने-अपने गाँव के कुओं को लेकर राजधानी पहुँचें। जो भी मुखिया इस आज्ञा का पालन नहीं करेगा उसे दण्ड स्वरूप बीस हजार स्वर्ण मुद्राओं का जुर्माना देना होगा।

यह ऐलान सुनकर सभी हैरान रह गए। भला कुएं भी कहीं लाए ले जाए जा सकते हैं? कैसा पागलपन है? कहीं महाराज का दिमाग तो खराब नहीं हो गया? जिस गाँव में तेनालीराम भेस बदलकर रह रहा था। वहाँ भी यह घोषणा सुनाई दी। उस गाँव का मुखिया भी काफी परेशान हुआ। तेनालीराम इस बात को सुनकर समझ गए कि उसे खोजने के लिए ही महाराज ने यह चाल चली है।

उसने मुखिया को बुलाकर कहा, मुखिया जी। आप बिल्कुल चिन्ता न करें, आपने मुझे अपने गाँव में आश्रय दिया। अतः आपके इस उपकार का बदला मैं अवश्य ही चुकाऊंगा।

मैं आपको एक तरकीब बताता हूँ। आप आस-पास के गाँवों के मुखियाओं को एकत्र कर राजधानी की ओर प्रस्थान करें। मुखिया ने आस-पास के गाँव के चार-पांच मुखिया एकत्रित किए और सभी राजधानी की तरफ चल दिए। तेनालीराम उनके साथ थे।

राजधानी के बाहर पहुँच कर वे एक स्थान पर पहुँच गए। उनमें से एक को तेनालीराम ने मुखिया का संदेश लेकर राजदरबार भेजा। वह

व्यक्ति दरबार में पहुँचा और बोला- ''महाराज! हमारे गाँव के कुएं राजधानी के बाहर डेरा डाले हुए हैं। आप कृपा करके राजकीय कुएं को उनकी अगवानी के लिए भेजें।''

महाराज, उसकी बात सुनते ही उछल पड़े। उन्हें समझते देर नहीं लगी कि ये तेलानीराम की ही सूझ-बूझ है। उन्होंने तुरंत पूछा-सच-सच बताओ कि तुम्हें यह युक्ति किसने बताई? ''महाराज! कुछ दिन पहले हमारे गाँव में आकर एक परदेशी ठहरा है। उसी ने हमें यह तरकीब बताई है।

''कहाँ है वह?'' मुखिया जी के साथ राजधानी के बाहर ही ठहरा हुआ है महाराज! स्वयं रथ पर चढ़कर राजधानी से बाहर गए और तेनालीराम को धूमधाम से दरबार में लाए और गाँव वालों को पुरस्कार देकर विदा किया।

29

सर्वश्रेष्ठ रामलीला

विजयनगर की राजधानी में अनेक रामलीलाएं होती थीं। रामलीलाओं का मौसम आते ही कलाकारों की मंडलियां सक्रिय हो उठतीं। जगह-जगह मंच बन जाते और कलाकार अभ्यास करने लगते। कहीं राम जी की सवारी निकालने की तैयारियां होती तो कहीं श्रवण कुमार, दशरथ नाटक का मंचन होता। सभी मंडलियों को यों तो राजदरबार से प्रोत्साहन राशि मिलती थीं, किंतु इस बार महाराज ने एक अलग ही घोषणा की - इस बार जो सबसे अच्छी रामलीला होगी, उसे राजपुरस्कार मिलेगा। इसके लिए एक समिति बनायी गई। समिति में राजपुरोहित, सेनापति और मंत्री शामिल किये गये।

तेनालीराम को जान-बूझकर समिति में नहीं लिया गया। तय हुआ कि समिति ही राजपुरस्कार के लिए रामलीला का चुनाव करेगी। समिति के सदस्य जगह-जगह जाकर रामलीला देखने लगे। निश्चित दिन उन्होंने राजा को बता दिया कि अमुक रामलीला सर्वश्रेष्ठ है।

राजा ने तेनालीराम से कहा - "अब तुम एक समारोह का प्रबंध करो। इसी में उस रामलीला के मुख्य आकर्षण दिखाए जाएंगे और पुरस्कार भी दिया जाएगा।"

तेनालीराम ने भरे दरबार में कहा - "महाराज समिति ने सर्वश्रेष्ठ रामलीला का चुनाव बड़ी सूझ-बूझ से किया है। क्योंकि यह रामलीला सर्वश्रेष्ठ कलाकारों ने की है। इस रामलीला मण्डली वालों ने समिति सदस्यों का भरपूर स्वागत किया है। उन्हें रेशमी शाल के साथ चंदन की

बनी मूर्तियां और उत्तम किस्म का एक शंख भी भेंट किया है। समिति के सदस्यों को मेरी बधाई।" सुनकर राजा चौंके।

पता चल गया कि इसी प्रलोभन के कारण समिति ने उस मण्डली की रामलीला को सर्वश्रेष्ठ बताया है।

राजा ने तेनालीराम से राय ली। वह बोला, "यह पुरस्कार तो बाल मण्डली की समिति को मिलना चाहिए। पुरस्कार से प्रोत्साहन पाकर बच्चे आगामी वर्ष और भी उत्साह से रामलीला करेंगे। इसी बहाने बच्चे भगवान् राम के सद्‌गुणों से प्रेरणा भी लेंगे।

सभी दरबारियों ने तेनालीराम की बात का समर्थन किया। अपनी दाल न गलते देखकर राजपुरोहित, सेनापति और मंत्री शर्म से पानी-पानी हो रहे थे।

30

विचित्र बैल

एक बार एक व्यक्ति विजयनगर में आया। जिसने अपने आपको एक पहुँचा हुआ तांत्रिक बताया। उसके पास धातु से बना एक बैल था। जो कौड़ियों से सजा हुआ था। वह पहियों पर चलता था। तांत्रिक जहाँ-तहाँ मजमा लगाता और कहता, "बैल के कान में चुपके से मन की बात कहो। आपके प्रश्न का जवाब मिलेगा।

लोग बात पूछते, वह तीन बार बैल के सिर पर थपकी देता और कहता बोलो, बस - बैल आदमी की वाणी से बोलने लगता। पूरे नगर में इस बैल की चर्चा होने लगी। राजा कृष्णदेव राय के कानों में भी उस अद्‌भुत बैल और तांत्रिक की चर्चा पड़ी तो उन्होंने तांत्रिक को राजदरबार में बुलाया। सबसे पहले सेनापति ने बैल के कान में एक सवाल पूछा, "क्या हम पड़ोसी राजा से जीत जाएंगे।" तांत्रिक ने बैल के सिर पर थपकी दी। आवाज आयी - "जीत तो हो सकती है, मगर महाराज अपने कृपा पात्र से सावधान रहें।" यह सुनकर अनायास ही सभी की निगाहें तेनालीराम की ओर उठ गई।

तेनालीराम तुरंत भांप गए कि दाल में कुछ काला है।

वह बोला, "महाराज मैं भी नंदी महाराज से एक सवाल पूछना चाहता हूँ, पर तांत्रिक को एक तरफ बैठा दीजिए।"

तेनालीराम ने बैल के कान में पूछा, "आप उस देशद्रोही का नाम बताएं।" काफी देर हो गई। जवाब नहीं मिला। तेनालीराम कौड़ियों से बनी झूल उठाने लगा।

तांत्रिक चिल्लाया, "झूल मत छेड़ो। मेरा तंत्र इसी में छिपा है। तुम्हें भस्म कर देगा।

मगर तेनालीराम ने झूल उतार ली। देखा बैल के सिर के बीच में एक पेंच था, उसे दबाने पर बैल बोलने लगता था। फिर उसने देखा। बैल के पेट में एक दरवाजा भी था। उसे खोला गया। एक आदमी अंदर बैठा था। वही प्रश्नों का उत्तर देता था। उसे पकड़कर बाहर निकाला गया। तांत्रिक को भी सिपाहियों ने पकड़ लिया। अंदर कुछ कागज मिले जो विजयनगर और राजमहल से संबंधित कुछ नक्शे थे। जब उन पर मार पड़ी तो सारा राज खुल गया। वे दोनों शत्रु राजा के जासूस थे। तेनालीराम से उन्हें खतरा था, इसीलिए उसे रास्ते से हटाना चाहते थे। राजा ने इस सूझ-बूझ के लिए तेनालीराम की पीठ थपथपाई थी।

31

तेनाली की आत्मा

एक बार किसी बात से रुष्ट होकर महाराज कृष्णदेव राय ने तेनालीराम को मृत्युदंड दे दिया। यह समाचार आग की तरह पूरे नगर में फैल गया। उसी दिन से तेनालीराम लोगों को दिखाई देना बंद हो गया जिससे लोगों ने यह सोचा कि तेनालीराम को चुपचाप फांसी पर चढ़ा दिया गया है। लोग तेनालीराम को याद करके चर्चा करते और महाराज को भी दबी जुबान से भला-बुरा कहते कि इतने योग्य व्यक्ति को मृत्युदंड दे दिया गया। मगर इस हकीकत से कोई वाकिफ नहीं था कि तेनालीराम जीवित था और इस समय अपने घर में छिपा बैठा था।

कुछ अंधविश्वासियों ने तो यह प्रचार करना भी शुरू कर दिया कि तेनालीराम की आत्मा भटकती रहती है। इस पाप का प्रायश्चित्त होना चाहिए। दरबारियों ने जब आत्मा भटकने की बात सुनी तो वे भी डर गए। उन्होंने राजा से कहा आप इस पाप मुक्ति के लिए कुछ उपाय कीजिए। लाचार होकर राजा ने अपने राजगुरु और चुने हुए एक सौ आठ ब्राह्मणों को विशेष पूजा करने का आदेश दिया कि तेनालीराम की आत्मा को शांति मिले।

पूजा नगर से बाहर बरगद के पेड़ के नीचे की जानी निश्चित हुई, जहाँ अपराधियों को मृत्युदंड दिया जाता था। यह खबर तेनालीराम तक भी पहुँच गई। रात होने से पहले ही वह बरगद के पेड़ पर जा बैठा। उसने सारे शरीर पर लाल मिट्टी पोत ली और धुएं की कालिख चेहरे पर पोत ली। इस तरह उसने भटकती आत्मा का रूप बना लिया।

रात में ब्राह्मणों ने छोटी-छोटी लकड़ियों से आग जलाई और उसके सामने बैठकर उल्टे-सीधे मंत्र पढ़ने लगे। वे जल्दी से पूजा का कार्य समाप्त कर घर जाकर बिस्तरों में दुबक जाना चाहते थे।

जल्दी-जल्दी मंत्र पढ़कर उन्होंने दिखावे के लिए तेनालीराम को पुकारा, 'तेनालीराम'

"कहिए, मैं उसकी आत्मा हूँ।" एक आवाज गूंजी और यह आवाज तेनालीराम की थी। उसकी आवाज सुनते ही ब्राह्मणों की सिट्टी-पिट्टी गुम हो गईं। चेहरे पीले पड़ गए। आहूतियां देते हुए हाथ कांपने लगे।

उनमें खुसर-फुसर होने लगी - "भटकती आत्मा ने सचमुच उत्तर दिया। हमें तो इस बात की बिल्कुल आशा नहीं थी। असलियत तो यह थी कि वे लोग इस प्रकार की ढोंगबाजी करके राजा से कुछ धन ऐंठने के चक्कर में थे। उन्होंने स्वप्न में भी नहीं सोचा था कि तेनालीराम की आत्मा भटक रही होगी। उन्हें तो उसके मरने की खबर भी एक दूसरे से सुनी-सुनाई ही मिली थी। मगर अब तेनालीराम की भटकती आत्मा पहली ही पुकार पर सामने थी तो उन्हें सुझा ही नहीं कि उससे क्या बात करें। दरअसल आत्मा आदि से बोलने बतियाने का अनुभव उनके पास नहीं था।

उधर तेनालीराम ने देखा कि ब्राह्मणों को कुछ सूझ ही नहीं रहा है, तो एकाएक अजीब सी गुर्राहट के साथ वह पेड़ से कूदा। ब्राह्मणों ने उसकी भयानक सूरत देखी, तो डर के मारे चीखते-चिल्लाते सिर पर पांव रखकर भाग खड़े हुए। आगे-आगे राजगुरु और पीछे-पीछे दूसरे ब्राह्मण।

हांफते-हांफते वे राजा के पास पहुँचे और उन्होंने पूरी बात बताई कि किस प्रकार उनके मंत्र के बल से तेनालीराम की आत्मा साक्षात् प्रकट हुई।

राजा ने उन सबसे जब यह कहानी सुनी तो वह बहुत हंसे और बोले- तुम लोग तो बस बड़ी-बड़ी बातें बनाना ही जानते हो। जिस भटकती आत्मा की शांति करने के लिए तुम्हें भेजा था, उसी से डर कर भाग आए।

ब्राह्मण सिर झुकाकर खड़े रहे।

"विचित्र बात तो यह है कि इस भटकती आत्मा ने मुझे दर्शन नहीं दिए। तुम लागों को ही दिखाई दिए।" राजा ने कहा - जो हुआ सो हुआ, अब जो उस भटकती आत्मा से हमें मुक्ति दिलवाएगा, उसे एक हजार स्वर्ण मुद्राएं इनाम दी जाएंगी।

राजा की घोषणा के तीन दिन बाद एक बूढ़ा संन्यासी राजदरबार में उपस्थित हुआ। उसकी दाढ़ी बगुले के पंख की तरह सफेद थी। उसने

कहा- महाराज! मैं आपको इस भटकती आत्मा से मुक्ति दिला सकता हूँ शर्त यह है कि जब आपको इस भटकती आत्मा से मुक्ति मिल जाएगी तो आपको मुझे मुंह-मांगी वस्तु देनी होगी।

"अगर वह चीज हमारे सम्मान और प्रजा के लिए हानिकारक न हो तो हमें कोई आपत्ति नहीं है।" राजा ने कहा।

संन्यासी ने कहा, बेफिक्र रहें महाराज, मैं ऐसी कोई वस्तु नहीं मांगूंगा, जो आपके सम्मान और प्रजा के लिए हानिकारक हो।

"ठीक है आप मुझे उस भटकती आत्मा से मुक्ति दिलाएं। साथ ही ब्रह्म हत्या के पाप से भी मुक्ति दिलाएं। वह बेचारा मेरे क्रोध के कारण मारा गया। हालांकि उसका अपराध छोटा ही था।" राजा ने कहा।

"आप चिन्ता न करें, मेरे उपाय के बाद आपको ऐसा लगेगा जैसे ब्राह्मण मरा ही नहीं। संन्यासी बोला - आप चाहें तो मैं उसे साक्षात् जीवित अवस्था में उपस्थित कर दूंगा।"

"ऐसा हो सके तो और क्या चाहिए।" राजा ने कहा। हालांकि मुझे विश्वास नहीं हो रहा है कि ऐसा हो सकता है। राजगुरु पास में बैठे थे। बोले- लेकिन महाराज, कभी मुर्दे भी जीवित हुए हैं? और फिर उस मसखरे को जीवित करने से क्या लाभ। वह फिर अपनी शरारतों पर उतर आएगा और आपसे मौत की सजा पाएगा।

"कुछ भी हो, हम यह चमत्कार देखना चाहते हैं और फिर हमारे मन पर जो बोझ है वह भी तो उतर जाएगा।" राजा ने कहा।

"आप अपना कार्य शुरू कीजिए"

"लेकिन भटकती आत्मा यहाँ नहीं है। उस बरगद के पेड़ के ऊपर है। महाराज, मुझे तो लगता है कि संन्यासी कोरी बातें करना ही जानता है, इसके वश का कुछ नहीं।"

राजगुरु ने राजा से कहा।

दरअसल वह संन्यासी की बातें सुनकर डर गया था कि कहीं संन्यासी उसे सचमुच में ही जीवित न कर दे।

"राजगुरुजी, जो मैं कह रहा हूँ वह करके दिखा सकता हूँ। आप ही कहिए यदि मैं उस ब्राह्मण को आपके सामने ही जीवित कर दूं तो क्या भटकती आत्मा शेष रहेगी" संन्यासी बोला।

"बिल्कुल नहीं।"

राजगुरु ने उत्तर दिया।

"तो फिर लीजिए देखिए चमत्कार।"

संन्यासी ने अपने गेहुंए वस्त्र और दाढ़ी उतार दी। अपनी सदा की पोशाक में तेनालीराम राजा और राजगुरु के सामने खड़ा था। दोनों हैरान थे। उन्हें अपनी आंखों पर विश्वास नहीं हो रहा था। तेनालीराम ने तब राजा को पूरी कहानी सुनाई। उसने राजा को याद दिलाया, "आपने मुझे मुंह-मांगा इनाम देने का वादा किया है। आप उन अंगरक्षकों को क्षमा कर दीजिए। जिन्हें आपने मुझे मारने के लिए भेजा था। दरअसल मेरी चालाकी से ही वे मुझे मारने में असफल रहे, किन्तु मैंने ही उनसे भेस बदल कर कहा कि वे आपके पास जाकर झूठ बोल दें। मैंने ऐसा इसलिए किया महाराज कि बाद में आपको अपने इस फैसले पर अफसोस होगा। इस धृष्टता के लिए आप मुझे मेरी मुंह-मांगी वस्तु क्षमा दें।"

तुमने बहुत ही ठीक सोचा था, तेनालीराम। हमने तुम्हें क्षमा किया और साथ ही तुम्हें दस हजार मुद्राओं का पुरस्कार भी देते हैं, कहकर राजा ने उसे गले लगा लिया।

32

सीधी हुई कुत्ते की पूंछ

एक दिन महाराज कृष्णदेव राय के दरबार में इस बात पर बहस चल पड़ी कि मनुष्य का स्वभाव बदला जा सकता है या नहीं। एक दल का कहना था कि स्वभाव बदला जा सकता है तो दूसरे का कहना था कि मनुष्य का स्वभाव नहीं बदला जा सकता वह तो कुत्ते की दुम की तरह होता है।

यह बहस चल ही रही थी कि महाराज को एक मजाक सूझा। उन्होंने सबका ध्यान अपनी ओर आकर्षित करके कहा – बात यहाँ तक पहुँची है कि यदि कुत्ते की दुम सीधी हो सकती है तो मनुष्य का स्वभाव भी बदला जा सकता है, नहीं तो नहीं।

स्वभाव बदल जाने के समर्थक दल का एक सदस्य बोला – ''यदि मन से प्रयत्न किया जाए तो कुत्ते की दुम भी सीधी की जा सकती है।''

ठीक है, महाराज ने इस बहस में रस लेते हुए कहा – ''आप लोग प्रयास करके देखें।''

और फिर राजा ने दस व्यक्ति चुने और उन्हें एक-एक कुत्ते का पिल्ला दिलवाया तथा छह माह का समय और हर माह की दस स्वर्ण मुद्राएं निर्धारित की। उन सभी को कुत्ते की दुम सीधी करनी थीं। उन दस व्यक्तियों में तेनालीराम भी थे।

तेनालीराम का भी यही तर्क था कि मनुष्य का स्वभाव बदलता नहीं है। खैर तेनालीराम सहित सभी व्यक्ति अपनी-अपनी बुद्धि के हिसाब से दुम सीधी करने के प्रयास में जुट गए।

एक ने कुत्ते की दुम पर भारी वजन बांध दिया ताकि दुम सीधी हो जाए। दूसरे ने उसकी दुम एक पीतल की नली में डाल दी। तीसरा कहीं से एक तांत्रिक को पकड़ लाया जो कई प्रकार की तांत्रिक क्रियाएं करता रहता, चौथा सुबह–शाम दुम की मालिश करता रहता, पांचवें ने एक ब्राह्मण से मंत्र जाप करवाना शुरू कर दिया। छठे ने कुत्ते की पूंछ को सीधी कर उस पर बांस की खप्पच्चियां बांध दी।

सातवें ने तो शल्य चिकित्सा करवा दी, आठवां नित्य कुत्ते के सामने बैठकर विनती करता कि दुम सीधी रख, दुम सीधी रख, जायका बदलने के लिए ही कभी टेढ़ी कर लिया कर, मगर सीधी रख। नौवां कुत्ते को खूब दूध, घी खिलाता ताकि शायद शक्तिशाली होकर दुम सीधी हो जाए।

मगर तेनालीराम ने उन सबसे अनोखा तरीका अपनाया, वह कुत्ते को केवल उतना ही खिलाता, जिससे वह जीवित रह सके। भूखा रहकर पिल्ला अधमरा हो गया। उसके अंग निर्जीव होने लगे।

छह माह किस प्रकार व्यतीत हो गए, किसी को पता ही नहीं चला। अब पिल्लों को दरबार में पेश करने का दिन आ गया। पहले व्यक्ति के पिल्ले की दुम वजन से बंधी होने के कारण सीधी दिखती थी, मगर जैसे ही उसे भार मुक्त किया गया, वह फिर टेढ़ी हो गई। उस व्यक्ति ने अपना माथा पीट लिया। इस प्रकार सभी कुत्तों की दुम से जब पर्दा उठा तो वे टेढ़ी ही निकली।

अब तेनालीराम की बारी आई, उन्होंने कपड़े में से निकालकर अपना मरियल सा पिल्ला खड़ा कर दिया। "लीजिए महाराज! खुश होकर तेनालीराम बोला - "मैंने कुत्ते की दुम फिलहाल सीधी कर दी है।"

ओह तेनालीराम! दुष्ट! यह तुने क्या किया। अच्छे-भले कुत्ते को अधमरा कर दिया। इसमें तो पूंछ हिलाने भर की शक्ति नहीं है। महाराज, मेरा मुख्य उद्देश्य फौरी तौर पर इसकी दुम सीधी करना था जो कि आप देख ही रहे हैं कि सीधी है। यदि मैं इसे खिलाता-पिलाता और इसे किसी प्रकार का अभाव महसूस नहीं होने देता तो इसकी पूंछ हरगिज सीधी न होती, यदि इसे दो दिन भरपेट और मनोनुकूल खाना मिले तो इसकी पूंछ फिर टेढ़ी हो जाएगी। ऐसा ही मनुष्य का स्वभाव होता है। वह बदलता नहीं है, केवल परिस्थिति-वश दब जाता है और मौका मिलते ही उभर जाता है। स्वभाव प्रायः निर्जीव हो सकता है, बदल नहीं सकता। तेनालीराम की बातें सुनकर सभी दरबारी उनके समर्थन में सिर हिलाने लगे। महाराज की आँखों में भी उसके प्रति प्रशंसा के भाव थे।

33

सयाना कौन?

एक दिन महाराज कृष्णदेव राय ने तेनालीराम से पूछा – "तेनालीराम मनुष्यों में सबसे अधिक मूर्ख, डरपोक और सबसे अधिक सयाना कौन है?"

तेनालीराम ने एक नजर राजपुरोहित पर डाली। फिर चटकारा-सा लेकर बोले – महाराज! ब्राह्मण सबसे अधिक डरपोक व कुछ मूर्ख होते हैं तथा वैश्य-व्यापारी सबसे अधिक सयाने होते हैं।

"क्या कहते हो तेनालीराम! ब्राह्मण पढ़े-लिखे और विद्वान होते हैं, कोई व्यापारी-वैश्य भला ब्राह्मण का क्या मुकाबला करेगा, राजा बोले।"

"महाराज, मैं अपनी बात सत्य सिद्ध कर सकता हूँ।"

कैसे? महाराज ने उत्सुकता से पूछा।

यह बात मैं कल दरबार में सिद्ध करूँगा, महाराज।

दूसरे दिन दरबार लगा तो तेनालीराम ने सबसे पहले राजपुरोहित को अपने करीब बुलाया – राजपुरोहित जी। महाराज ने मुझे एक काम सौंपा है। जिसे पूरा करने की मुझे पूरी स्वतंत्रता है। इस सिलसिले में मैं चाहूं तो किसी को दण्ड भी दे सकता हूं और चाहूं तो उपहार भी दे सकता हूँ। क्यों महाराज?

"हाँ, एक कार्य को पूरा करने के लिए तेनालीराम को विशेष अधिकार दिए हैं।" महाराज ने कहा।

सभी दरबारी चकित थे कि महाराज ने तेनालीराम को ऐसा कौन सा कार्य सौंपा है जो उसे दण्ड तक देने का अधिकार प्राप्त हो गया। और

फिर तेनालीराम राजगुरु को यह बात क्यों बता रहे हैं। अवश्य ही कोई गड़बड़ है।

राजपुरोहित भी हकबकाया हुआ था, वह बोला– यह सारी बात तो ठीक है तेनालीराम, किन्तु तुमने मुझे यहाँ क्यों बुलाया और यह सब तुम मुझे क्यों बता रहे हो? घबराएं नहीं राजगुरु, महाराज को आपकी चोटी की आवश्यकता है, उसके बदले आपको मुंह–मांगी रकम मिलेगी।

राजपुरोहित को काटो तो खून नहीं। ये महाराज को कैसी सनक सवार हुई, भला चोटी भी लेने की चीज है। वह हकबकाए से प्रश्नसूचक नजरों से महाराज को देखने लगे। महाराज खामोश बैठे रहे।

सोच क्या रहे हैं राजगुरु, क्या आप महाराज को अपनी चोटी देने से इन्कार कर रहे हैं?

नहीं-नहीं तेनालीराम जी। राजपुरोहित जी घिघियाए - महाराज की आज्ञा सिर-माथे पर। मगर यह चोटी मेरी विद्वता की निशानी है, मेरा सम्मान है।

ओह, तो आज आपका सम्मान महाराज की इच्छा से भी ऊपर है। तेनालीराम ने व्यंग्य कसा। फिर फटकार सी लगाई, ''आप जीवन भर महाराज का नमक खाते रहे और आज एक मामूली चोटी के लिए इतने नखरे दिखा रहे हैं। जानते हैं, जिस सिर पर यह चोटी है, महाराज उसे धड़ से अलग करवा सकते हैं, किंतु हमारे महाराज न्यायप्रिय और रहमदिल हैं, वे ऐसा नहीं चाहते कि आपको कोई नुकसान हो। अन्यथा आपकी चोटी मांगने की आवश्यकता ही क्या थी, सीधे ही कहते पुरोहित जी का सिर कलम करके उनकी चोटी उखाड़ ली जाए।

कांप कर रह गये राजपुरोहित। वह समझ गए कि तेनालीराम ने ऐसी चाल चली है कि जान के लाले पड़ गए हैं।

तेनालीराम फिर बोले - ठीक है अगर आपको अपनी चोटी इतनी ही प्यारी है तो इसकी कीमत ले लें। महाराज आपको चोटी की कीमत के रूप में पांच स्वर्ण मुद्राएं दे देंगे। ''पांच स्वर्ण मुद्राएं बहुत होंगी।''

तुरंत राजपुरोहित को पांच स्वर्ण मुद्राएं दी गईं और नाई को बुलवाकर उनकी चोटी कटवा ली गई। अब तेनालीराम ने नगर के सबसे प्रसिद्ध व्यापारी को बुलवाया। उसकी भी बड़ी चोटी थी बल्कि वह तो प्रसिद्ध ही चोटीवाला के नाम से था। ''क्या आज्ञा है महाराज!''

तेनालीराम ने कहा - ''सुनो चोटीवाला! किसी आवश्यक कार्य के लिए महाराज को तुम्हारी चोटी चाहिए। ''अरे हुजूर तेनालीराम जी सब कुछ महाराज का ही है - जब चाहें ले लें। मगर महाराज सिर्फ इतना ध्यान रखें कि मैं बड़ा गरीब आदमी हूँ। तुम्हें तुम्हारी चोटी की मुंह-मांगी कीमत दी जाएगी।

बात यह है सरकार इस चोटी से ही मेरा सब काम होता है। जब बेटी की शादी की तो इस चोटी की लाज रखने के लिए पांच हजार स्वर्ण मुद्राएं खर्च कीं। पिछले साल जब मेरे पिता का स्वर्गवास हुआ तो भी पांच हजार स्वर्ण मुद्राएं खर्च कीं और इसी चोटी के कारण जब चाहूं दस-बीस हजार का उधार उठा लेता हूँ। व्यापारी बोला। मतलब यह है कि तुम्हारी चोटी की कीमत पच्चीस हजार स्वर्ण मुद्राएं हैं। राजा ने कहा।

"अब मैं क्या कहूँ महाराज!"

ठीक है, तुम्हें मूल्य चुकाया जाता है।

तुरंत चोटी वाला को पच्चीस हजार स्वर्ण मुद्राएं दे दी गईं।

अब वह चोटी मुंडवाने बैठ गया।

और फिर नाई ने जैसे ही उसकी चोटी पर हाथ रखा, वैसे ही चोटी वाला कड़ककर बोला - अरे धूर्त नाई, अदब से काम ले, जानता नहीं अब यह महाराज की चोटी है।

"क्या कहा!" उसकी बात सुनते ही महाराज क्रोधित हो उठे - दुष्ट हमारा अपमान करता है, इसे तुरंत राजदरबार से धक्के देकर निकाला जाए।

व्यापारी ने अपनी पच्चीस हजार की थैली संभाली और वहाँ से भाग निकला।

तेनालीराम ने एक जोरदार ठहाका लगाया - "अब तो महाराज, समझ गए होंगे कि कौन मूर्ख है और कौन सयाना? राजपुरोहित ने सिर्फ पांच स्वर्ण मुद्राओं में अपनी चोटी मुंडवा ली और वह वणिक पुत्र पच्चीस हजार भी ले गया और चोटी भी देकर नहीं गया।"

"तुमने ठीक कहा था तेनालीराम - वणिक पुत्र सचमुच तेज होते हैं।

34

शेर खां का शिकार

एक बार न जाने ऐसा क्या हुआ कि विजयनगर राज्य में बेतहाशा चोरियां होने लगीं। पहले तो कोतवाल आदि अपने साधनों से चोरियां रोकने की चेष्टा करते रहे, मगर जब वारदातें घटने के बजाय बढ़ती ही चली गईं तो बात महाराज के कानों तक पहुँची। यहां तक की चोरियों से त्रस्त प्रजा महाराज के दरबार में हाजिर होकर सुरक्षा की गुहार लगाने लगी।

महाराज ने फौरन मंत्री और सेनापति से मंत्रणा की। कृष्णदेव ने आदेश दिया कि गुप्तचर विभाग को आदेश दिया जाए कि एक सप्ताह के भीतर खोजबीन करके मेरे समक्ष अपनी रिपोर्ट प्रस्तुत करें। ऐसा ही किया गया। गली-गली में जासूस फैल गए और फिर गुप्तचर विभाग से जो रिपोर्ट मिली, वह बेहद चौंकाने वाली थी।

ज्ञात हुआ कि शेर खां नाम का एक बटमार अपने गिरोह के साथ राज्य में घुस आया है और उसे शत्रु राज्य का समर्थन भी प्राप्त है। उसका उद्देश्य है कि विजयनगर को कमजोर कर दिया जाए। रिपोर्ट पढ़कर महाराज चिंतित हो गए। उन्होंने सेनापति को आदेश दिया - "सेना की सशस्त्र टुकड़ियों को राज्य के मुख्य-मुख्य ठिकानों पर तैनात कर दो। रात में गश्त बढ़ा दी जाए। किसी भी अजनबी की पूरी छानबीन की जाए और संदेहास्पद व्यक्ति को तुरंत गिरफ्तार कर लिया जाए। फिर महाराज ने मंत्री जी को आदेश दिया - "पूरे राज्य की पुलिस को सतर्क कर दिया जाए। प्रत्येक अजनबी और उसकी गतिविधियों पर नजर रखी जाए।

तुरंत सेना और पुलिस हरकत में आ गई।

लाख कोशिशें की गई, किन्तु चोरी-चकारी की वारदातें बढ़ती ही चली गईं। अब तो सुनसान क्षेत्रों में राहजनी की वारदातें आम होने लगीं। प्रजा त्राहि-त्राहि कर उठी।

अपराधी इतने शातिर थे कि वारदात भी कर देते और किसी को कानों कान खबर भी नहीं होने देते।

महाराज इतने परेशान हो गए कि एक दिन तो क्रोध में आकर उन्होंने भरे दरबार में सेनापति को डांटा, इतना धिक्कारा कि वह सिर उठाने के काबिल भी नहीं रहा। राजदरबार स्तब्ध था और महाराज की गुस्से से बोलने की आवाज सुनाई दे रही थी - "अब तो इन चोरों को पकड़ने का एक ही उपाय रह गया है कि हम इन्हें सम्मान से आमंत्रित करें कि आओ भाई- अपनी शक्ल हमें दिखा दो और हमारा आधा राज्य ले लो - या अपनी गिरफ्तारी का जो मुनासिब चाहे इनाम ले लो और अपने आपको हमारी सेना-पुलिस के हवाले कर दो।

सभी दरबारी लज्जित होकर सिर झुकाए बैठे रहे।

ऐसे समय में एकाएक ही राजपुरोहित को सूझा कि क्यों न इस संकट में तेनालीराम को फंसा दिया जाए। वह झट से महाराज के निकट पहुँच कर फुसफुसाया - "अन्नदाता! जहाँ हम सब हारते हैं, वहाँ तेनालीराम जीतता है।

महाराज तुरंत राजपुरोहित का इशारा समझ गए। तेनालीराम का ख्याल आते ही उनकी आंखें चमकने लगी। वे फौरन तेनालीराम की ओर पलटकर बोले- "तुम कुछ क्यों नहीं करते तेनालीराम।" "करूं तो तब न अन्नदाता जब आप आदेश दें।" अपने आसन से उठकर तेनालीराम हाथ जोड़कर नम्रतापूर्वक बोले - "माँ काली की कृपा से मैं शेर खाँ तो क्या उसके पूरे खानदान को बंदी बनाकर आपके चरणों में डाल सकता हूँ।"

"यदि ऐसी बात है तेनालीराम तो हम तुम्हें विजयनगर का सर्वोच्च सम्मान देंगे।" महाराज ने उत्साहपूर्वक कहा।

तब तेनालीराम ने महाराज से एक माह का समय मांगा और फिर पलक झपकते ही यह खबर सारे राज्य में फैल गई कि तेनालीराम माँ काली को प्रसन्न करके शेर खाँ को बंदी बनाने वाला है। लोगों ने चैन की सांस ली। अब कहीं जाकर उन्हें विश्वास हुआ कि जल्दी ही उस खतरनाक और चालाक गिरोह से मुक्ति मिल जाएगी।

उधर, जब यह खबर शेर खाँ को मिली तो वह तेनालीराम की नादानी पर खूब हंसा - मूर्ख है ये तेनालीराम, जिस शेर खाँ को दिल्ली

की फौज न पकड़ सकी उसे ये डेढ़ पसली क्या खाक पकड़ेगा। उससे पहले मैं उसकी मूँछें उखाड़ लूंगा- जाओ, जाकर तेनालीराम की गतिविधियों पर नजर रखो और हमें बताओ कि वह हमें पकड़ने के लिए क्या कर रहा है।''

उसके दो आदमी काफी समय तक तेनालीराम की टोह में लगे रहे, मगर कुछ खास पता न लगा सके। हां, इतनी खबर उन्हें अवश्य लग गई थी कि अपने घर में एक काली चादर ओढ़े तेनालीराम एक जाप-सा करता रहता है।

शेर खाँ के आदमी यह खबर जाकर उसे दे देते। एक दिन शेर खाँ एक साधु का भेस धारण करके तेनालीराम के घर के दरवाजे पर आ धमका – ''अलख निरंजन। बाबा को कुछ भिक्षा दे बच्चा – ईश्वर तेरा कल्याण करेगा।

''बाबा।'' भीतर से आवाज आई – ''दरवाजा नहीं खुलेगा। भिक्षा चाहिए तो खिड़की पर आ जाओ। आजकल शहर में शेर खाँ नाम का एक बटमार आया हुआ है और मैंने उसे पकड़ने की प्रतिज्ञा की है। कहीं ऐसा न हो कि वह मुझे पकड़कर ले जाए। आओ खिड़की पर आ जाओ।

''चूहा! ये मुझे क्या पकड़ेगा, न पिद्दी न पिद्दी का शेराना। शेर खाँ मन ही मन मुस्काता हुआ खिड़की पर आ गया। खिड़की के दूसरी ओर तेनालीराम एक चादर ओढ़े हाथों में थाली लिए खड़ा था। इसी बीच उसकी मूँछें इतनी लम्बी हो गई थीं कि चादर से बाहर खिड़की की सलाखों में लग रही थीं। फिर जैसे ही उसने दोनों हाथ सलाखों से बाहर निकाले और शेर खाँ की झोली में थाली का सामान उलटना चाहा, वैसे ही शेर खाँ ने उसकी मूँछें पकड़ लीं और गुर्राया – ''मुझे पहचान ले, मैं ही शेर खाँ हूँ आज सिर्फ तेरी मूँछें उखाड़ कर ले जा रहा हूँ अगर

मुझे पकड़ने की कोशिश की तो तेरा सिर ही उखाड़कर ले जाऊंगा।'' और फिर जैसे ही उसने झटका देकर तेनालीराम की मूँछें उखाड़नी चाही वैसे ही उसके सिर पर लाठी का प्रहार हुआ। प्रहार इतना जबरदस्त था कि शेर खाँ वहीं ढेर हो गया। लाठी मारने वाला तेनालीराम का ही आदमी था। उन दोनों ने शेर खाँ को दरबार में ले जाकर महाराज के कदमों में डाल दिया। महाराज बहुत खुश हुए। शेर खाँ को बंदीगृह में डाल दिया। तेनालीराम को सीने से लगाकर पूछा – ''तेनालीराम, पहले हमें बताओ कि तुम्हें कैसे पता था कि शेर खाँ तुम्हारी मूंछें उखाड़ने आएगा।''

''शेर खाँ की पिछली कारगुजारियों से महाराज।'' गर्व से सीना फुलाकर तेनालीराम बोला – ''मैंने अपना एक आदमी दिल्ली भेजकर उसके स्वभाव का अध्ययन कराया। जिससे पता चला कि वह अपने शत्रुओं की मूंछें ही उखाड़ता है, बस मैंने इसलिए उसे परिवार तक ललकारा और वह आ धमका। मेरी नकली मूंछें उखाड़ने। मैं पहले ही जानता था कि वह बदला लेने जरूर आएगा।''

महाराज ने गौरवपूर्ण नजरों से दरबारियों की ओर देखा। सेनापति सहित सभी के सिर झुके हुए थे।

35

बाग की हवा दरबार में

उन दिनों भीषण गर्मी पड़ रही थी। महाराज के दरबार तक में काफी उमस थी। सभी के शरीर पसीने से नहाए हुए थे। दरबारियों की कौन कहे स्वयं महाराज पसीने से लथपथ थे। राजपुरोहित को कुछ ज्यादा ही गर्मी सता रही थी, अतः बोले- "महाराज, सुबह-सबेरे बाग की हवा कितनी शीतल और सुगन्धित होती है। क्या ऐसी हवा दरबार में नहीं लायी जा सकती?"

"वाह! वाह! राजगुरु गर्मी से छुटकारा पाने का उपाय तो उत्तम बताया तुमने।" महाराज खुश हो गए। फिर दरबारियों से मुखातिब हुए - "क्या आप लोगों में से कोई बाग की हवा दरबार में ला सकता है?"

"राजगुरु ने भी क्या बकवास बात कही है? सभी दरबारियों ने मन ही मन सोचा और सिर झुका लिए।" यह कार्य तो बिल्कुल असंभव है।"

जो कोई भी बाग की हवा दरबार में लाएगा, उसे एक हजार स्वर्ण मुद्राएं इनाम में दी जाएंगी। महाराज ने घोषणा की। इसी के साथ सभा बर्खास्त हो गई। सभी दरबारी यह सोच रहे थे कि यह कार्य तो बिल्कुल असंभव है। कोई नहीं कर सकता।

हवा कोई वाहन थोड़े ही है कि उसका रुख दरबार की ओर कर दिया जाए। एकत्रित करने वाली वस्तु भी नहीं कि सुबह एकत्रित कर लें और मन चाहे समय निकालकर प्रयोग कर लें।

दूसरे दिन जब दरबारी सभा में आए तो सभी उत्सुकता से एक दूसरे की ओर देखने लगे कि शायद कोई हवा लाया हो। उनकी सूरतें देखकर महाराज बोले– "लगता है हमारी ये इच्छा पूर्ण नहीं होगी।"

आप निराश क्यों होते हैं महाराज! तभी तेनालीराम अपने स्थान से उठकर बोले। मेरे होते आपको तनिक भी निराश होने की आवश्यकता नहीं। मैं आपके लिए बाग की हवा कैद करके ले आया हूँ।

उसकी बात सुनकर महाराज सहित सभी दरबारी चौंक पड़े। महाराज ने पूछा – "कहाँ है हवा? उसे तुरंत छोड़ो, तेनालीराम।" तेनालीराम को तो आज्ञा मिलने की देर थी, उसने फौरन बाहर खड़े पांच व्यक्तियों

को भीतर बुलाया और महाराज के इर्द-गिर्द घेरा डलवा दिया। उनके हाथों में खस-खस, चमेली और गुलाब के फूलों से बने बड़े-बड़े पंखे थे, जो इत्र, जल आदि से भीगे हुए थे। तेनालीराम का इशारा पाते ही वे महाराज को पंखे झेलने लगे।

थोड़ी ही देर में पूरा दरबार महकने लगा। बड़े-बड़े पंखों की हवा होते ही महाराज को गर्मी से राहत मिली और उन्हें आनन्द आने लगा। मन ही मन महाराज ने तेनालीराम की बुद्धि की सराहना की और बोले-तेनालीराम तुम इंसान नहीं फरिश्ते हो, हर चीज हाजिर कर देते हो।

इस राहत भरे कार्य के लिए तुम्हें एक नहीं पांच हजार स्वर्ण मुद्राएं इनाम में दी जाती हैं तथा व्यवस्था मंत्री को आदेश दिया जाता है कि कल से दरबार में इसी प्रकार की हवा की व्यवस्था करें।

यह पहला मौका था जब शत्रु-मित्र सभी दरबारियों ने तेनालीराम के सम्मान में तालियां बजाईं।

36

दिमाग में खुजली

महाराज कृष्णदेव राय का स्वभाव ही ऐसा था कि वे छोटे-बड़े सभी त्योहार बड़ी धूम-धाम से मनाते थे। इस बार भी दशहरे के त्योहार पर उन्होंने एक भव्य आयोजन का ऐलान कर दिया। ऐसे अवसर पर विद्वानों और कलाकारों को सम्मान दिया जाता था। दशहरे के अवसर पर शास्त्रार्थ का भी आयोजन होता था। इस बार महाराज और राजकुमारी मोहनांगी ने भारत के सुप्रसिद्ध विद्वान बल्लभाचार्य को अपने राज्य के विद्वानों से शास्त्रार्थ कराने के लिए आमंत्रित किया। विजयनगर में तो राजगुरु से बढ़कर कोई विद्वान नहीं था और न ही राजगुरु अपने से बढ़कर किसी को समझते थे। मगर जब उन्हें पता चला कि इस बार शास्त्रार्थ करने वाले बल्लभाचार्य जी विजयनगर पधार रहे हैं तो वे बड़े घबराये। कहने को वे कुछ भी क्यों न कहते हों, किन्तु एक बात वे अच्छी तरह से जानते थे कि बल्लभाचार्य से किसी भी कीमत पर नहीं जीत सकते थे। राजगुरु ने अपना यह डर परम मित्र रंगाचारी के सामने प्रकट किया। बोला – "रंगाचारी मित्र! मुझे तो यह आभास होता है कि यह राजकुमारी मोहनांगी की चाल है। वह मुझे भरे दरबार में नीचा दिखाना चाहती है। लगता है वह तेनालीराम के बहकावे में आकर ऐसा कर रही है। मित्र जरा तुम स्वयं ही सोचो कि कहाँ बल्लभाचार्य जैसा विद्वान और कहाँ मैं। अब तो इस अपमान से बचने की एक ही सूरत है कि कोई बहाना बनाकर दरबार में उपस्थित ही न हुआ जाए।"

"ठीक है, तुम ऐसा ही करो।"

"मगर कोई बहाना?"

"वह मैं बना लूंगा। तुम घर पर आराम करना बाकी दरबार की स्थति मैं संभाल लूंगा, मगर उस शैतान तेनालीराम को कैसे संभालोगे। चिंतित होकर राजगुरु ने कहा –"वह तो सब गुड़–गोबर कर देगा।"

"तुम चिंता मत करो, मैं उसे भी ऐसा सबक सिखाऊंगा कि जीवन भर याद रखेगा।"

फिर वह दिन आ गया, जिस दिन शास्त्रार्थ होना था। उस दिन राजगुरु दरबार में हाजिर न हुए। किसी के पूछने से पहले ही रंगाचारी ने महाराज से मुखातिब होकर कहा – "महाराज! दिमाग की खुजली के कारण आज राजगुरु दरबार में हाजिर न हो सकेंगे।

"दिमाग की खुजली?" राजा ने पूछा।

रंगचारी बोला – "जी हाँ महाराज! यह रोग अधिक सोचने के कारण हो जाता है।"

"क्या कह रह रहे हो, रंगाचारी। हम तो इस रोग का नाम ही आज पहली बार सुन रहे हैं। हमारा विचार है कि ऐसा कोई रोग होता ही नहीं है।"

"हो सकता है महाराज!"

एकाएक ही तेनालीराम बोला – "आजकल ऐसे रोग की हवा चल रही है, मुझे भी अधिक पढ़ने के कारण आँखों की खुजली का रोग हो गया है।"

"पढ़ने के कारण।" महाराज हैरान पर हैरान हुए जा रहे थे – तेनालीराम क्या कह रहे हो तुम? मैंने तो तुम्हें आज तक पढ़ते हुए नहीं देखा। महाराज की बात सुनकर सब हंस पड़े।

"महाराज! क्या हमारे राजगुरु को कभी सोचते हुए देखा है।" इस बार भी जोरदार ठहाका लगा।

"कैसी विचित्र बात है।" कृष्णदेव ने कहा – "राजगुरु को दिमाग की खुजली का रोग हो गया है जबकि शंकराचार्य, रामानुजाचार्य और माधवाचार्य जैसे विद्वानों को यह रोग कभी नहीं हुआ। जबकि इन सबों ने अधिक चिंतन और विचार किया होगा। तेनालीराम जैसे व्यक्ति को आंखों की खुजली का रोग हो गया, जबकि अधिक पढ़ने वाले दूसरे विद्वानों को यह रोग कभी नहीं हुआ।"

"इसमें कोई विचित्र बात नहीं है महाराज।" तेनालीराम बोले – "यह रोग किसी विशेष सीमा तक सोचने या पढ़ने से नहीं होता। यह तब होता है जब कोई मनुष्य अपनी योग्यता से अधिक सोचता या पढ़ता है।"

एक बार फिर दरबार ठहाकों से गूंज उठा।

यह राजगुरु की योग्यता पर सीधा कटाक्ष था। अतः रंगाचारी खामोश न रह सका। तिलमिला कर बोला - राजगुरु का इस प्रकार मजाक न उड़ाओ। कुछ भी हो, वे एक विद्वान व्यक्ति हैं।

"कुछ लोग अपनी ही दृष्टि में विद्वान होते हैं चाहे दूसरे लोग उन्हें योग्य समझें या नहीं समझें।" तेनालीराम बोला।

"वे दूसरों के दोष बहुत जल्दी पकड़ लेते हैं।" खीझते हुए रंगाचारी बोले।

"वो सब ठीक है।" तेनालीराम ने फिर नमक छिड़का लेकिन बेचारे राजगुरु को अपने दोषों का बिल्कुल ज्ञान नहीं है।

"मैं उनका बहुत सम्मान करता हूँ।" रंगाचारी बोला।

"करना ही चाहिए जैसे को तैसा मिले कर-कर लंबे हाथ।" तेनालीराम बोला।

"उनका हर जगह तुमसे पहले सम्मान होता है। इससे स्पष्ट होता है कि उनका दर्जा तुमसे कहीं ऊपर है।" रंगाचारी को उम्मीद थी कि इससे आगे तेनालीराम कुछ नहीं बोलेगा, मगर तेनालीराम भला कहाँ चुकने वाला था। वह तपाक से बोला - "यह भी आपने खूब कहा - हम अपना मुंह धोने से पहले हाथ-पाँव धोते हैं, तो क्या इससे हाथ-पाँव का दर्जा मुंह से बड़ा हो गया।"

दरबार में एक बार फिर ठहाका गूंजा। रंगाचारी समझ गया कि तेनालीराम से जीतना मुश्किल है। अतः वह खामोश बैठा मन ही मन कुढ़ता रहा।

37

रिवाज

एक बार तेलानीराम और महाराज में बहस छिड़ गई कि लोग किसी की बात पर जल्दी विश्वास कर लेते हैं या नहीं? तेनालीराम का कहना था कि लोगों को आसानी से बेवकूफ बनाकर अपनी बात मनवायी जा सकती है।

महाराज का कहना था कि ये गलत है। लोग इतने मूर्ख नहीं हैं कि किसी की बात पर भी आँख मूंद कर विश्वास कर लें। महाराज ने कहा- ''तुम किसी से भी जो चाहो नहीं करवा सकते।''

''क्षमा करें महाराज! मैं अपने अनुभव से कह रहा हूँ कि यदि आप में योग्यता है तो आप सामने वाले से असंभव कार्य भी करवा सकते हैं - बल्कि मैं तो यहाँ तक कहूंगा कि यदि मैं चाहूं तो किसी से आप पर जूता भी फेंकवा सकता हूँ।''

''क्या कहा?'' महाराज ने आंखें तेरेरी - ''हम तुम्हें चुनौती देते हैं तेनालीराम कि तुम ऐसा करके दिखाओ।''

''मुझे आपकी चुनौती स्वीकार है महाराज!'' तेनालीराम ने सिर झुकाया - ''किन्तु इसके लिए मुझे कुछ समय चाहिए।'' तुम जितना चाहे समय ले लो।'' दृढ़ता से महाराज ने कहा।

और उस दिन बात आई गई हो गई। तेनालीराम और महाराज दोनों अपने-अपने कार्यों में व्यस्त हो गए।

दो माह बाद महाराज कृष्णदेव राय ने कुर्ग प्रदेश के एक पहाड़ी सरदार की सुन्दर बेटी से अपना विवाह तय किया। पहाड़ी इलाके के सरदार को विवाह के समय महाराज के परिवार के रीति-रिवाजों का पता न था। उसने जब महाराज के सामने अपनी यह परेशानी रखी तो वे बोले – ''इस विषय में तुम्हें किसी प्रकार की चिन्ता करने की आवश्यकता नहीं है।

हमें केवल आपकी पुत्री चाहिए। परन्तु सरदार फिर भी नहीं माना। वह अपनी इकलौती बेटी के विवाह में किसी भी प्रकार की कमी नहीं रखना चाहता था। अतः उसने चुपचाप तेनालीराम से सम्पर्क किया। तेनालीराम ने उसकी समस्या जानकर दिलासा दिया कि आप चिन्ता न करें, मैं सभी रस्में अदा करवाने के लिए वहाँ उपस्थित रहूँगा।

सरदार को बेहद प्रसन्नता हुई। मगर तेनालीराम ने उसे समझा दिया कि वह इस बात का जिक्र किसी से न करे। तेनालीराम ने उससे कहा– ''महाराज कृष्णदेव राय के वंश में एक रिवाज यह है कि विवाह की सभी रस्में पूरी करने पर दुल्हन अपने पांव से मखमल की जूती उतारकर राजा पर फेंकती है। उसके बाद दूल्हा-दुल्हन को अपने घर ले जाता है। मैं चाहता हूँ कि लगे हाथों यह रस्म भी पूरी हो जाए। इसलिए मैं गोवा के पुर्तगालियों से एक जोड़ा जूतियां भी ले आया हूँ। पुर्तगालियों ने मुझे बताया कि यह रिवाज तो यूरोप में भी है, लेकिन वहाँ चमड़े के जूते फेंके जाते हैं, हमारे यहाँ तो चमड़े के जूते की बात तो सोची भी नहीं जा सकती। हाँ, मखमल की जूती की बात तो कुछ और ही है।

''एक बार और सोच लो तेनालीराम, जूती तो जूती ही होती है चाहे मखमल की हो या चमड़े की। पत्नी द्वारा पति पर जूती फेंकना क्या उचित होगा? सरदार ने शंकित लहजे में कहा – हम तो बेटी वाले हैं, कहीं ऐसा न हो कि लेने के देने पड़ जाएं।

देखिए साहब, विजयनगर के राजघराने में तो यह रस्म होती आई है। यदि आप इसे न करना चाहें तो कोई बात नहीं। नहीं–नहीं तेनालीराम जी। कोई भी रस्म अधूरी न रहनी चाहिए, यदि ऐसा हुआ तो ससुराल में बेटी को अपमानित होना पड़ सकता है। लाइए, वह जूती मुझे दीजिए। मैं अपनी बेटी के विवाह में कोई कसर नहीं रखना चाहता।

विवाह की बाकी रस्में पूरी हो चुकी थीं। महाराज को डोली की विदाई का इंतजार था। दुल्हन को बाहर लाकर दहेज के सामान के

पास ही एक स्थान पर बैठा दिया गया। अचानक दुल्हन ने अपने पांव से मखमल की जूती उतारी और मुस्कराते हुए कृष्णदेव राय पर फेंक मारी।

महाराज की भृकुटी तन गई। वह क्रोध और अपमान से तिलमिलाकर उठना ही चाहते थे कि तेनालीराम ने उनका हाथ दबा दिया और कान के पास अपना मुंह ले जाकर बोले – ‘‘महाराज, इन पर क्रोध न करें, यह सब मेरा ही किया धरा है।

ओह! महाराज को तुरन्त उस दिन की बात याद आ गई और वह मुस्करा दिए। फिर रानी की जूती उठकर उनके करीब आए और जूती वापस दी।

क्षमा करे महाराज, आपके वंश की रस्म अदा करने के लिए .... कोई बात नहीं प्रिये, मुझे तेनालीराम ने सब बता दिया और फिर जब महाराज महल में लौट आए तो उन्होंने तेनालीराम से कहा, तुमने सच ही कहा था कि लोग किसी की भी बात पर विश्वास कर लेते हैं।

38

बाढ़ पीड़ित फंड

एक बार विजयनगर में भारी वर्षा हुई। जिसके कारण पूरे राज्य में बाढ़ आ गई, जिसने तबाही मचा डाली। अनेकों घर पानी में बह गए। हजारों पशु बाढ़ की चपेट में आ गए।

इस विपदा की खबर राजा कृष्णदेव राय को मिली तो उन्होंने तुरंत मंत्री को बुलाकर आदेश दिया –तुरंत बाढ़ पीड़ितों की सहायता की जाए। उनकी चिकित्सा, खाने और रहने की व्यवस्था की जाए और इस कार्य के लिए जितने भी धन की आवश्यकता हो, वह राजकोष से अविलम्ब ले लिया जाए। नदी, नालों पर पुल बनाए जाएं तथा उसी प्रकार की और दूसरी व्यवस्था की जाए, जिससे प्रजा को राहत मिले।

मंत्री ने महाराज को आश्वासन दिया और राजकोष से तुरंत भारी रकम निकलवाकर सहायता के कार्य में जुट गये। उस दिन के बाद कई हफ्तों तो मंत्री जी राजधानी में दिखाई नहीं दिए। राहत कार्यों में जुटे रहे।

उधर, तेनालीराम भी अपने कर्तव्य से विमुख नहीं थे। करीब एक महीने बाद प्राकतिक आपदा राहत मंत्री दरबार में पधारे और महाराज को राहत कार्य की रिपोर्ट देने लगे। अपने काम की उन्होंने बढ़ा–चढ़ाकर प्रशंसा की।

जब दरबार की कार्यवाही समाप्त हो गयी तो सभी के जाने के बाद महाराज ने तेनालीराम से कहा – "तेनालीराम, यह मंत्री काफी कर्मठ है। एक माह में ही बाढ़–पीड़ितों के दुख–दर्द दूर कर दिए।

आप ठीक कहते हैं, महाराज। क्यों न एक बार आप भी चलकर इनके राहत कार्यों को देख लें। प्रजा आपको अपने बीच देखेगी तो उनका काफी मनोबल बढ़ेगा। बात तो तुम्हारी ठीक है। महाराज ने फौरन सहमति दे दी।

अगले ही दिन महाराज कृष्णदेव राय और तेनालीराम अपने-अपने घोड़ों पर सवार होकर बाढ़ग्रस्त क्षेत्र की ओर निकल गए। रास्ते में राजा का बाग था। उन्होंने देखा कि बो के बहुत से कीमती वृक्ष कटे हुए हैं।

ये पेड़ किसने काटे हैं।

"महाराज! या तो तेज हवा से टूट गए होंगे या बाढ़ बहाकर ले गई होगी।" चलते-चलते वे एक नाले पर जा पहुँचे, उस स्थान पर पुल के नाम पर कटे हुए पेड़ों के दो तने रखे थे।

‘‘अरे! क्या इस मंत्री के बच्चे ने ऐसे ही पुल बनाए हैं। ये तने तो शाही बाग के पेड़ों के लगते हैं। ‘‘महाराज हो सकता है कि ये तने बाढ़ के पानी में बह कर स्वयं ही यहाँ आकर अटक गए हों। आगे चलिए, आगे अवश्य ही मंत्री जी ने अच्छे पुलों का निर्माण कराया होगा।’’ मगर सभी जगह वही हाल था। गाँव का बहुत-सा भाग अभी भी पानी में डूबा हुआ था। जिस स्थान से बाढ़ का पानी निकल गया था, वहाँ गंदगी फैली थी। जगह-जगह मरे हुए जानवर पड़े सड़ रहे थे। जिसके कारण ऐसी दुर्गंध फैली थी कि सांस लेना भी दूभर हो रहा था। लोग अभी तक पेड़ों पर मचान बना कर रह रहे थे। खाने की कौन कहे, पीने के पानी तक की व्यवस्था नहीं थी।

यह सब देखकर महाराज कृष्णदेव का खून खौल रहा था। उधर तेनालीराम अलग आग में घी डाल रहे थे।

‘‘देखिए महाराज! मंत्री जी ने इन लोगों को सदा के लिए पेड़ों पर बसा दिया, अब चाहे कितनी बाढ़ आए, इनका पांव भी गीला नहीं होगा। इससे बेहतर राहत कार्य और भला क्या हो सकता है।’’

‘‘तेनालीराम! तुमने हमें यहाँ लाकर हमारी आँखें खोल दीं। इस मंत्री को हम ऐसा दण्ड देंगे कि जीवन भर याद रखेगा। चलो तुरंत वापस चलो।

दूसरे दिन दरबार लगा। महाराज ने उस मंत्री को आड़े हाथों लिया और खूब फटकार लगाई, फिर बोले - ‘‘राजकोष से जितना पैसा तुमने लिया है, अब तुम्हें उससे दुगुना इस कार्य पर खर्च करना होगा और इस कार्य में खर्च होने वाली एक-एक पाई का हिसाब तेनालीराम रखेंगे।

महाराजा का यह आदेश सुनते ही मंत्री महोदय का चेहरा लटक गया।

39

अपमान का बदला

बात उन दिनों की है जब तेनालीराम का विजयनगर के दरबार से कोई लेना-देना नहीं था। उन दिनों तेनालीराम सोचा करते थे कि किसी प्रकार महाराज तक अपनी पहुँच बनाई जाए। मगर ये आसान नहीं था। इसी अभिलाषा को लेकर उन्होंने राजगुरु तक अपनी बात बनाई और उनकी बहुत सेवा की, मगर राजगुरु भी अपने किस्म के अकेले ही घाघ थे।

वह तेनालीराम से अपने सारे काम करवा लेते, मगर राजमहल की बात आती तो टाल जाते। इससे तेनालीराम काफी उखड़ा हुआ था। वह उसकी फितरत समझ गया कि यह मुझे महाराज तक कभी पहुँचने नहीं देगा। अत: एक दिन उसने उसे सबक सिखाने का मन बना लिया।

एक बार राजगुरु नदी पर नहाने गए। किनारे पर जाकर उन्होंने वस्त्र उतारे और पानी में उतर गए। तेनालीराम उनके पीछे-पीछे था।

वह वृक्ष की ओट में छिप गया और जैसे ही राजगुरु ने नाक बंद करके पानी में गोता लगाया, वैसे ही उसने उनके कपड़े उठा लिए और जाकर पेड़ों में छिप गया। कुछ देर बाद राजगुरु जब नहाकर बाहर निकले तो वहाँ कपड़े न पाकर ठिठक गए। ''अरे यह कौन है?'' वह चिल्लाए ''मेरे वस्त्र किसने उठाए हैं? ओह रामलिंग! - मैंने तुम्हें देख लिया है इस वृक्ष के पीछे - अरे भई, मजाक छोड़ो और मेरे वस्त्र दो, देखो मैं महाराज तक तुम्हें अवश्य पहुँचाऊंगा।

तेनालीराम का असली नाम रामलिंग ही था। उनका जन्म ननिहाल तेनाली में होने के कारण बाद में वह तेनालीराम कहलाए। बचपन से लेकर जवानी तक उनका समय अपनी ननिहाल में ही बीता था।

तुम झूठे हो राजगुरु! आज तक मुझे झूठा दिलासा देते रहे हो। वह बाहर आ गया। इस बार मैं पक्का वादा करता हूँ। ''वादा करो कि तुम मुझे कंधे पर बैठाकर इसी समय राजमहल लेकर चलोगे।

कंधे पर बैठाकर? राजगुरु क्रोधित हो उठे – ''तुम पागल तो नहीं हो गए रामलिंग''।

''हाँ, तुम्हारे झूठे आश्वासन पा-पाकर पागल ही हो गया हूँ। रामलिंग बोला – मेरी शर्त मंजूर है तो बोलो, वरना मैं चला अपने रास्ते पर। ''अरे नहीं-नहीं मुझे तुम्हारी शर्त मंजूर है। ''हथियार डालते हुए राजगुरु बोले – ''लाओ मेरे वस्त्र दो।''

तेनालीराम ने उनके वस्त्र दे दिए।

जब राजगुरु नगर में पहुँचे तो लोग यह विचित्र दृश्य देखकर हैरान रह गए। लड़के सीटियां और तालियां बजाते उनके पीछे-पीछे चलने लगे।

चारों ओर शोर मच गया – ''राजगुरु का जुलूस देखो, राजगुरु का जुलूस।''

राजगुरु अपने आपको ऐसा अपमानित महसूस कर रहे थे, जैसे भरे बाजार में नंगे चले जा रहे हो। धीर-धीरे ये काफिला राजमहल के करीब पहुँच गया।

महाराज अपने कक्ष में बैठे थे। शोर सुनकर वे बाहर बरामदे में आए, फिर बुर्ज में आकर नीचे का नजारा देखने लगे। उन्होंने देखा कि राजगुरु एक व्यक्ति को कंधे पर उठाए चले जा रहे हैं, लज्जा से उनका सिर झुका हुआ है और शरीर पसीने-पसीने हो रहा है। पीछे आते लोग उनका

मजाक उड़ा रहे हैं और कंधे पर बैठा व्यक्ति हंस रहा है। राजगुरु का ऐसा अपमान देखकर महाराज को क्रोध आया। उन्होंने अपने अंगरक्षकों को आदेश दिया कि जो व्यक्ति राजगुरु के कंधों पर बैठा है, उसे नीचे गिरा दो और मुक्के-लातों से खूब पिटाई करके छोड़ दो। मगर दूसरे व्यक्ति को सम्मान सहित हमारे पास ले आओ।

राजगुरु तो महाराज को नहीं देख पाए, मगर तेनालीराम ने देख लिया कि उनकी ओर इशारा करके महाराज अपने अंगरक्षकों से कुछ कह रहे हैं।

बस तेनालीराम को समझते देर नहीं लगी कि दाल में कुछ काला है। वह झट राजगुरु के कंधे से उतरा और क्षमा मांगने लगा।

क्षमा-याचना करके उसने राजगुरु को अपने कंधों पर उठा लिया और उनकी जय-जयकार करने लगा।

तभी राजा के अंगरक्षक वहाँ आए। उन्होंने राजगुरु को तेनालीराम के कंधों से नीचे गिरा लिया और बुरी तरह उनकी पिटाई करने लगे। बेचारे राजगुरु पीड़ा और अपमान से चीखने लगे। सैनिकों ने उनकी खूब पिटाई की, फिर तेनाली से बोले - "आईए, आपको महाराज ने बुलाया है।"

राजगुरु हैरान थे कि यह सब क्या हुआ। अंगरक्षक तेनालीराम को लेकर महाराज के पास पहुँचे तो उसे देखकर महाराज भी बौखलाए। "यह किसे ले आए। हमने कहा था कि ऊपर वाले की पिटाई करो और नीचे वाले को ले आओ।

ये नीचे वाले ही हैं महाराज! वो पाजी इनके कंधों पर बैठा था। "ओह इसका मतलब यह व्यक्ति बहुत चालाक है। इसने पहले ही अंदाजा लगा लिया था कि क्या होने वाला है। इसे ले जाकर मौत के घाट उतार दो। इसने राजगुरु का अपमान किया है। "क्रोधावेग में महाराज बोले जा रहे थे - "और हां, इसके खून से सनी तलवार सरदार को दिखा देना।"

इस समय तक वहाँ कुछ दरबारी भी आ गए। वे ऊपर से तो गंभीर थे, लेकिन मन ही मन खुश हो रहे थे कि इस युवक ने राजगुरु की अच्छी दुर्गति की। जब सैनिक तेनालीराम को लेकर चले तो कुछ दरबारी खामोशी से उनके पीछे हो लिए। एक स्थान पर पहुँचकर उन्होंने असली कारण पूछा तो उन्हें लगा तेनालीराम निर्दोष है। उसे किसी प्रकार राजदरबार में लाया जाए ताकि उन्हें राजगुरु और दूसरे बेईमान दरबारियों को सबक सिखाने का अवसर मिले। उन्होंने तेनालीराम से दोनों सैनिकों को दस-दस स्वर्ण मुद्राएं दिलवा कर और इस वादे के साथ छुड़वा लिया कि वह शहर छोड़कर चला जाएगा।

सिपाहियों ने तबेले में जाकर एक बकरे को हलाल कर अपनी खून से रंगी तलवारें सरदार को दिखा दीं। तेनालीराम को जहाँ जान बचने की खुशी थी, वहीं बीस स्वर्ण मुद्राओं के जाने का दुख भी था। मगर वह भी इस प्रकार चुप बैठने वाला नहीं था। उसने घर जाकर अपनी माँ और पत्नी को सिखा-पढ़ाकर महल में भेज दिया।

दोनों सास-बहू महाराज के पास जाकर फूट-फूटकर रोने लगीं। "क्या बात है? तुम कौन हो और यहाँ आकर इस प्रकार क्यों रो रही हो?"

महाराज एक छोटे से अपराध के लिए आपने मेरे बेटे रामलिंग को मृत्युदण्ड दे दिया। उसके इस दुनिया से चले जाने के बाद अब मैं किसके सहारे जीऊंगी? कौन होगा मेरे बुढ़ापे का सहारा? कहकर उसकी माँ सिसक-सिसक कर रोने लगी। और मेरे इन मासूम बच्चे का क्या होगा, महाराज। मैं अबला बच्चे और बूढ़ी सास का पेट कैसे पालूँगी। महाराज को फौरन अपनी गलती का एहसास हुआ कि उस छोटी-सी भूल की उसे इतनी बड़ी सजा नहीं देनी चाहिए थी।

अब हो भी क्या सकता था। उन्होंने आज्ञा दी - "इन्हें हर माह दस स्वर्ण मुद्राएं दी जाएं, जिससे ये अपना व बच्चों का पेट पाल सकें।

दस स्वर्ण मुद्राएं तत्काल लेकर दोनों सास-बहू घर पहुँची और तेनालीराम को पूरी बात बताई। तेनालीराम खूब हंसा - "चलो, दस स्वर्ण मुद्राएं अगले माह मिल जाएंगी। हिसाब बराबर।"

40

तेनालीराम का न्याय

एक बार नामदेव नामक एक व्यक्ति दरबार में आया और फरियाद की- "अन्नदाता! मुझे न्याय चाहिए।" अन्नदाता मेरे मालिक ने मेरे साथ विश्वासघात किया है।

"पहले तुम अपना परिचय दो और फिर बताओ क्या बात है?" महाराज ने कहा।

"मेरा नाम नामदेव है, अन्नदाता। परसों सुबह मेरा मालिक अपने किसी काम से हवेली से निकला, चूंकि धूप बहुत तेज थी, इसलिए उसने कहा मैं छतरी लेकर उनके साथ चलूं। हम दोनों अभी पंचमुखी शिवमंदिर तक ही पहुँचे थे कि धूलभरी तेज आँधी चलने लगी। हवा इतनी तेज थी कि छतरी भी संभालना मुश्किल पड़ रहा था। मैंने मालिक से प्रार्थना की कि हम मंदिर के पिछवाड़े सायबान में रुक जाएं। मालिक ने मेरी बात मान ली और हम मंदिर के पिछवाड़े सायबान के नीचे जाकर खड़े हो गए।

"फिर"

"फिर महाराज, अचानक मेरी नजर सायबान के कोने में पड़ी एक लाल थैली पर गई। मालिक से अनुमति लेकर मैंने वह पोटली उठा ली। खोली तो उसमें बेर के आकार के दो हीरे थे। महाराज उन हीरों को देख हम दोनों की आँखें चुंधिया गयीं। हालांकि मंदिर में पाए जाने के कारण उन हीरों पर राज्य का अधिकार था। किन्तु मेरे मालिक ने कहा नामदेव! तुम जुबान बंद रखने का वादा करो तो हम ये हीरे आपस में बांट लेंगे।"

"झूठ नहीं बोलूंगा!"

महाराज! "मेरे मन में भी लालच आ गया और मैंने मालिक की बात मान ली। मैं तो अपने ही मालिक की गुलामी से तंग आ चुका था, इसलिए सोचा कि हीरे को बेचकर कोई काम धन्धा कर लूंगा। मगर हवेली लौटकर मालिक ने मुझे मेरा हिस्सा देने से इन्कार कर दिया। मैं दो दिन तक उसे समझाता-बुझाता रहा, मगर वह टस से मस नहीं हुआ, इसलिए मुझे आपकी शरण में आना पड़ा। हे महामहीम! आप तो साक्षात् धर्मराज हैं, अब आप ही मेरा न्याय कीजिए।"

सम्राट कृष्णदेव ने तुरंत नामदेव के मालिक को दरबार में बुलाया और पूछताछ की तो मालिक बोला - "महाराज! ये नामदेव तो नंबर एक का बदमाश है, मक्कार है। महाराज मेरे पास ईश्वर का दिया सब कुछ है। मैंने इसे हीरे देकर कहा कि जाओ, यह राज्य की सम्पत्ति है।

इसे राजकोष में जमा करा आओ। ये दोनों हीरे लेकर चला गया। फिर दो दिन बाद मैंने इससे रसीद मांगी तो आनाकानी करने लगा और मेरे धमकाने पर यहाँ चला आया। अब आपको इसने न जाने क्या कहानी गढ़ कर सुनाई होगी।''

'हूँ' महाराज, ने गहरी नजरों से देखा। क्या तुम सच कह रहे हो?

''सोलह आने सच महाराज!''

''क्या वे हीरे तुमने किसी के सामने दिए थे।''

''मेरे तीन नौकर इस बात के गवाह हैं।''

नौकरों को हाजिर किया गया तो उन्होंने साफ-साफ स्वीकार कर लिया कि मालिक ने हमारे सामने नामदेव को हीरे दिए थे।

फिर महाराज ने उन सभी को वहाँ बैठने का आदेश दिया और स्वयं महामंत्री, सेनापति और तेनालीराम के साथ विश्राम कक्ष में चले गए।

आपकी इस मामले में क्या राय है मंत्री जी?

मुझे तो नामदेव झूठ बोलता लग रहा है, महाराज - मंत्री बोला।

''किंतु हमें वह सच बोलता लग रहा है।'' राजा बोले।

मगर गवाहों पर भी गौर करें, महाराज। गवाहों को कैसे झुठलाया जा सकता है? महाराज ने तेनालीराम की ओर देखा - तुम क्या कहते हो तेनालीराम जी? महाराज आप सब लोग इस पर्दे के पीछे बैठ जाएं तो राय दूं। तेनालीराम की बात सुनकर महामंत्री और सेनापति दांत पीसने लगे। किंतु महाराज को चुपचाप उठकर पर्दे के पीछे आता देख उन्हें भी जाना पड़ा। अब एकांत पाकर तेनालीराम ने पहले गवाह को बुलाया- ''नामदेव को तुम्हारे मालिक ने हीरे तुम्हारे सामने दिए थे?''

जी हाँ। ''हीरे कैसे थे? किस रंग के थे? और उनका आकार कैसा था? चित्र बनाकर समझाओ।''

तेनालीराम ने कागज सामने किया तो वह सिटपिटा गया। हीरे लाल रंग की थैली में बंद थे, मैंने देखे नहीं थे। ठीक है। खामोशी से वहाँ खड़े हो जाओ।

तेनालीराम ने दूसरे गवाह को बुलाया और उससे भी वही प्रश्न पूछे और चित्र बनाने के लिए कहा। दूसरे गवाह ने उलटी सीधी आकृतियां बनाकर रंग आदि बता दिया।

फिर उसने तीसरे को बुलाया तो उसने कहा – हीरे भोजपत्र के कागज में लिपटे थे। आकृति और रंग मालूम नहीं। सभी गवाहों ने एक दूसरे के सामने उत्तर दिए थे। अब उनके दिल जोर-जोर से धड़क रहे थे। तभी महाराज पर्दे के पीछे से निकले और क्रोधपूर्वक नजरों से उन्हें घूरने लगे। तीनों यह सोच कर कांप उठे कि उनका झूठ पकड़ा गया। इससे पहले की महाराज उन्हें कोई कठोर सजा देते कि उन्होंने लपक कर उनके पांव पकड़ लिए और गिड़गिड़ाते हुए बोले – हमें क्षमा कर दें, महाराज! हम झूठी गवाही देने पर मजबूर थे। यदि हम ऐसा न करते तो वह मक्कार हमें नौकरी से निकाल देता।

अब सब कुछ साफ हो गया था। महाराज दरबार में आ गए। सिर झुकाए तीनों गवाह भी उनके पीछे थे। महाराज ने आदेश दिया- इस धूर्त को गिरफ्तार करके इसके घर की तलाशी ली जाए। तलाशी में हीरे बरामद हो गए। वे बड़े कीमती हीरे थे। महाराज ने हीरे तो जब्त किए ही, मालिक से दण्ड-स्वरूप दस हजार स्वर्ण मुद्राएं भी नामदेव को दिलवाईं तथा बीस हजार स्वर्ण मुद्राओं का जुर्माना भी किया।

खुशी के मारे नामदेव दरबार में ही महाराज और तेनालीराम के जयकारे लगाने लगा। वास्तव में यह तेनालीराम की बुद्धि का ही कमाल था।

41

रसगुल्ले की जड़

विजयनगर की समृद्धि का कारण वहाँ की व्यापार नीतियां थीं। ईरान और बुखरा जैसे देशों से भी व्यापार संधि थी। ऐसे ही व्यापार के सिलसिले में एक बार ईरान का व्यापारी मुबारक हुसैन विजयनगर की यात्रा पर आया। महाराज कृष्णदेव राय ने दिल खोलकर उसका स्वागत किया। फिर सम्मान सहित उसे राजमहल में ठहराया गया। कई सेवक उसकी सेवा में तैनात कर दिए गए।

रात्रि भोजन के बाद एक दिन महाराज ने हुसैन के लिए चांदी की तश्तरी भरकर रसगुल्ले भेजे। महांराज इस इंतजार में थे कि अभी सेवक आकर कहेगा कि हुसैन को रसगुल्ले बड़े स्वादिष्ट लगे और उन्होंने इच्छा व्यक्त की है कि खाने के बाद उन्हें रोज रसगुल्ले भेजें जाएं। मगर सेवक वापस आया। रसगुल्ले से भरी तश्तरी उसके हाथों में थी। महाराज सहित सभी दरबारी उसकी सूरत देखने लगे।

सेवक ने बताया – अन्नदाता! हुसैन ने एक भी रसगुल्ला नहीं खाया और बोला हमें रसगुल्ले की जड़ चाहिए। रसगुल्ले की जड़ – कृष्णदेव एकाएक गंभीर हो उठे। अगले ही दिन दरबार में महाराज ने सभी दरबारियों के सामने अपनी समस्या रखी और बोले – ''कितने दुख की बात होगी यदि हम हुसैन की इच्छा पूरी नहीं कर पाए। क्या आप लोगों में से कोई इस समस्या का समाधान कर सकता है? दरबारी तो इसी बात से हैरान थे कि क्या रसगुल्ले की जड़ भी होती है? वे भला समस्या का समाधान क्या करते?

हिम्मत करके पुरोहित बोला - महाराज, ईरान में ऐसी कोई चीज होती होगी, मगर ये हिन्दुस्तान है। हमें उसे साफ-साफ बता देना चाहिए कि रसगुल्ले की कोई जड़ नहीं होती।

"कैसे नहीं होती जी?" तभी तेनालीराम बोला - "होती है और हमारे हिन्दुस्तान में ही होती है। कितने अफसोस की बात है कि सबसे अधिक रसगुल्ले खाने वाले पुरोहित जी को रसगुल्ले की जड़ का पता नहीं लगा। राजपुरोहित किलस कर रह गए।

महाराज कृष्णदेव राय ने तेनालीराम के चेहरे पर नजरें जमाकर कहा- तेनाली हम हुसैन के सामने शर्मिंदा नहीं होना चाहते - तुम इसी समय कहीं से भी रसगुल्ले की जड़ लाकर हुसैन के पास भेज दो।

तेनालीराम उठकर बोला - "मैं अभी जाता हूँ महाराज और रसगुल्ले की जड़ लेकर आता हूँ।" तेनालीराम चले गए और महाराज सहित सभी

दरबारी उनकी प्रतीक्षा में बैठे रहे। करीब एक घंटे बाद तेनालीराम वापस आया। उसके हाथों में चांदी की एक तश्तरी थी जिस पर कपड़ा ढका था। दरबारी हैरानी और उत्सुकता से उसे देखने लगे।

महाराज रसगुल्ले की जड़ हाजिर है, फौरन मेहमान की सेवा में भेजी जाए। सारा दरबार हैरान था। सभी देखना चाहते थे कि ये क्या बला तेनालीराम उठा लाया, जिसे रसगुल्ले की जड़ कह रहा है। उन्होंने उसे देखने की इच्छा जाहिर की किंतु तेनालीराम ने स्पष्ट इन्कार कर दिया - नहीं, पहले मेहमान बाद में कोई और।

महाराज स्वयं रसगुल्ले की जड़ देखना चाहते थे। अतः उन्होंने एक मंत्री को आदेश दिया कि मेहमान को यहां बुला लाएं। मंत्री स्वयं उसे लेने गया।

हुसैन आ गया तो महाराज ने सेवक को इशारा किया। सेवक ने तेनालीराम के हाथ से तश्तरी लेकर मेहमान के आगे कर दी।

"यह क्या है? महाराज!" हुसैन ने पूछा।

रसगुल्ले की जड़।

वाह-वाह कहकर हुसैन ने तश्तरी से कपड़ा हटाया और उसमें रखी वस्तु को चखते हुए बोला - हिन्दुस्तान में यही वह चीज है जो ईरान में नहीं मिलती।

दरबारी फटी-फटी आँखों से उस वस्तु को देख रहे थे। तश्तरी में दिले हुए गन्ने के छोटे-छोटे टुकड़े थे।

और उस दिन सम्राट तेनालीराम से इतने प्रसन्न हुए कि उन्होंने अपने गले की बेशकीमती माला उतारकर तेनालीराम के गले में डाल दी। हुसैन ने भी खुश होकर उसे एक ईरानी कालीन भेंट किया।

42

रंगे हाथ पकड़े गए

यह मुहावरा सदियों से चला आ रहा है – "रंगे हाथों पकड़े जाना" आखिर ये मुहावरा कब और कहाँ बना? हमारा ख्याल है कि इस घटना के बाद ही यह बना होगा– एक दिन दरबार की कार्यवाही चल रही थी कि नगर सेठ वहाँ उपस्थित होकर दुहाई देने लगा।

"महाराज! मैं मर गया, बर्बाद हो गया। कल रात मेरी तिजोरी का ताला तोड़कर सारा धन चोर चुरा कर ले गया। हाय! मैं लुट गया। महाराज ने तुरंत कोतवाल को तलब किया और इस घटना के बारे में पूछा। कोतवाल ने बताया महाराज, हम कार्यवाही कर रहे हैं मगर चोरों का कोई सुराग नहीं मिला है।

"जैसे भी हो वो शीघ्र पकड़ा जाना चाहिए। कृष्णदेव ने कोतवाल को हिदायत देकर सेठ से कहा– सेठ जी आप निश्िंचत रहें, शीघ्र ही चोर पकड़ लिया जाएगा। आश्वासन पाकर सेठ चला गया। उसी रात चोरों ने एक अन्य धनवान व्यक्ति के घर चोरी कर ली। पुलिस की लाख मुस्तैदी के बाद भी चोर पकड़े न जा सके। और उसके बाद तो जैसे वहाँ चोरियों की बाढ़ सी आ गई। कभी कहीं चोरी हो जाती कभी कहीं। सभी चोरियाँ अमीर आदमियों के यहाँ ही हो रही थीं और हर बार चोर साफ बचकर निकल जाते। महाराज शिकायतें सुन–सुनकर परेशान हो जाते। उन्होंने एक दिन क्रोध में दरबारियों को खूब लताड़ा। क्या आप लोग यहाँ हमारी शक्ल देखने के लिए बैठे हैं? क्या कोई भी दरबारी चोर पकड़ने की युक्ति नहीं सुझा सकता? सभी दरबारी चुप बैठे

रहे। क्या करें जब कोतवाल जैसा अनुभवी व्यक्ति चोर को पकड़ नहीं पा रहा है तो भला दरबारी कैसे पकड़ सकते हैं? किन्तु तेनालीराम को बात खटक गई। वह अपने स्थान से उठ कर बोला।

महाराज! मैं पकडूंगा उस चोर को। उसी दिन तेनालीराम शहर के प्रमुख जौहरी की दुकान पर गया। उससे कुछ बातें कीं, फिर अपने घर को गया। अगले ही दिन जौहरी की ओर से एक प्रदर्शनी की सार्वजनिक घोषणा करवा दी गई। जिसमें वह अपने कीमती आभूषणों और हीरों की प्रदर्शनी करेगा। प्रदर्शनी लगी तो लोग उसे देखने के लिए टूट पड़े। एक

से बढ़कर एक कीमती हीरे और सोने के आभूषणों को प्रदर्शित किया गया। रात को जौहरी ने सारे हीरे और आभूषणों को एक तिजोरी में बंद करके ताला लगा दिया। जैसे कि होना ही था, रात को चोर आ धमके। ताला तोड़कर उन्होंने सारे आभूषण और हीरे एक थैली में भरे और चलते बने। इधर चोर दुकान से बाहर निकले उधर जौहरी ने शोर मचा दिया। देखते ही देखते पूरे क्षेत्र के लोग जाग गये। चोर माल इधर-उधर डालकर लोगों की भीड़ में शामिल हो गए मगर तभी सिपाहियों की टुकड़ी लेकर तेनालीराम वहाँ पहुँचे और पूरे क्षेत्र की नाकाबंदी कर दी गई। तेनालीराम ने कहा सबकी तलाशी लेने की आवश्यकता नहीं है। जिसके हाथ व वस्त्र लाल रंग से रंगे हुए हैं। उन्हें गिरफ्तार कर लिया जाए, वे ही चोर हैं। इस प्रकार आनन-फानन में चोर पकड़े गए। अगले दिन उन्हें दरबार में पेश किया गया। महाराज ने देखा चोरों के हाथ व वस्त्र लाल रंग से रंगे हैं।

इनके हाथों पर ये रंग कैसा है तेनालीराम। महाराज! तिजोरी में माल रखने से पहले उसे लाल रंग से रंगा गया। इसी कारण इनके हाथ रंगे हुए हैं। इसी को कहते हैं, रंगे हाथों पकड़ना।

वाह! महाराज, तेनालीनाम की प्रशंसा किए बिना न रह सके। फिर महाराज कृष्णदेव ने चोरों को आजीवन कारावास का दण्ड सुनाया।

43

अपराधी बकरी

एक बार महाराज कृष्णदेव राय ने अपनी कश्मीर यात्रा के दौरान सुनहरे फूल वाला एक पौधा देखा। वह फूल उन्हें इतना पसंद आया कि लौटते समय उसका एक पौधा वह अपने बगीचे के लिए भी ले आए। विजयनगर के पास आकर उन्होंने माली को बुलाया और सुनहरे फूल वाला पौधा उसे सौंपकर बोले – ''इसे बगीचे में हमारे शयनकक्ष के ठीक सामने वाली खिड़की के सामने रोप दो। ध्यान रहे, इसकी देखभाल तुम्हें अपनी जान की भाँति करनी है। यदि पौधा नष्ट हुआ तो तुम भी अपने जीवन से हाथ धो बैठोगे।

माली पौधा लेकर चला गया। फिर बड़ी ही सावधानी से उसने वह पौधा निश्चित स्थान पर रोप दिया। वह उसकी देखभाल भी बड़े मन से करता। नियमपूर्वक सींचता। महाराज भी उसे सुबह शाम खिड़की से देखते। वे माली की मेहनत से संतुष्ट थे।

महाराज को उस पौधे से इतना लगाव हो गया कि यदि किसी दिन उसे बिना देखे दरबार में चले जाते तो उनका मन उखड़ा-उखड़ा सा रहता। राजकाज के किसी भी कार्य में उनका मन न लगता। एक दिन महाराज सोकर उठे और आदत के अनुसार उन्होंने खिड़की खोली तो यह देखकर स्तब्ध रह गए कि पौधा अपने स्थान पर नहीं था। वे परेशान हो उठे। उन्होंने फौरन माली को तलब किया। भय से थर-थर काँपता माली उनके सामने आ गया।

पौधा कहाँ है? महाराज ने गरजकर पूछा। म–महाराज उसे तो मेरी बकरी चर गई। महाराज के क्रोध का ठिकाना न रहा। उनकी आंखें लाल हो गई और आवेश में आकर उन्होंने माली को प्राणदण्ड दे दिया। सैनिकों ने माली को तुरंत बंदी बना लिया।

मूर्ख, लापरवाह हमने कहा था कि इस पौधे की अपने जान से भी अधिक हिफाजत करना। तुमने ऐसी हिफाजत की, ले जाओ इसे हमारी नजरों के सामने से।

सैनिक उसे लेकर कारागार की ओर चल दिए। थोड़ा दिन चढ़ते ही यह खबर पूरे राज्य में फैल गई कि राजमाली को मृत्युदंड दे दिया गया है। यह खबर माली की पत्नी तक भी पहुँची तो वह रोते-रोते राजदरबार में आई। किंतु महाराज उस समय तक भी क्रोध में भरे बैठे थे। उन्होंने उसकी फरियाद सुनने से इन्कार कर दिया। अब वह अबला क्या करे? किसी ने उसे तेनालीराम से मिलने की सलाह दी - तुम तुरंत तेनालीराम के पास जाओ - यदि वे चाहेंगे तो तुम्हारे पति का बाल भी बांका नहीं होगा। माली की पत्नी रोती–कलपती तेनाली के घर चल दी। वहाँ पहुँचकर उन्होंने सारी बात बताकर अपने पति के प्राणों की भीख मांगी।

तेनाली ने सांत्वना दी, फिर समझा–बुझाकर घर भेज दिया। अगले दिन सुबह–सुबह राज्य में एक और हंगामा हुआ। माली की पत्नी बकरी को मजबूत रस्सी से बांधे नगर के हर चौराहे पर जाती - खूंटा गाड़कर उसे उससे बांधती, फिर हाथ में डंडा लेकर निर्दयता से उसकी पिटाई करती। बकरी अर्न्तनाद करती, इधर–उधर कूदती–फांदती। मगर मालिन का डंडा न रुकता। विजयनगर में पशुओं के प्रति निर्दयी व्यवहार पर प्रतिबंध था। लोग मालिन को रोकते कि वे ऐसा न करे, मगर वह किसी की नहीं सुनती। वह जैसे पागल हो गई थी। उधर पिट–पिटकर बकरी भी अधमरी हो गई थी। उसके पांवों में खड़े रहने की शक्ति तक शेष न बची थी। कुछ लोगों ने बकरी की हालत देखकर द्रवित

हो इसकी सूचना नगर कोतवाल को दे दी। कोतवाल सिपाहियों के साथ आया और बकरी सहित मालिन को पकड़कर ले गया। कोतवाल जानता था यह मसला माली के मृत्युदण्ड से जुड़ा है। अतः इस मामले को राजदरबार में पेश करना उचित समझा। महाराज ने मालिन से पूछा– तुमने इस बेजुबान को इतनी बेरहमी से क्यों पीटा। महाराज, जिस बकरी के कारण मैं विधवा होने वाली हूँ, जिसके कारण मेरे बच्चे अनाथ होने वाले हैं, जिसने मेरे भरे–पूरे घर को उजाड़कर रख दिया हो, आप ही बताएं कि उस जीव के साथ मैं कैसा व्यवहार करूं?

क्या मतलब? उलझनपूर्ण लहजे में महाराज ने पूछा – "इस निरीह पशु के कारण तुम विधवा हो रही हो, तुम्हारे बच्चे अनाथ हो रहे हैं। यह ब्रात कुछ समझ में नहीं आई, विस्तार से बताओ। महाराज – यह

वही बकरी है, जिसने आपका सुनहरे फूल वाला पौधा खा लिया है। अपराध इसने किया, मगर सजा मेरे पति को मिल रही है। फूल इसने खाये और घर मेरा उजड़ रहा है। मांग मेरी सूनी हो रही है। अब आप ही बताएं, आप जैसे न्यायशील राजा के राज्य से कोई इतना भयंकर अपराध करके भी कैसे सजा से बचा रहे, क्या यह उचित है? आखिर इसे इसके अपराध का दण्ड मिलना चाहिए की नहीं?

ओह! ओह! महाराज उसकी बात सुनकर सब समझ गए, मगर उनके चेहरे पर यह सोचकर आश्चर्य के भाव उभर आए कि एक मामूली औरत इतनी सूझ-बूझ वाली बात कर रही है।

नहीं इसके पीछे अवश्य ही किसी और का दिमाग है। हम तुम्हारे पति का दण्ड माफ करते हैं, किन्तु सच-सच बताओ कि यह सारा नाटक तुमने किसके कहने पर किया है?

जी तेनालीराम के।

ओह! तेनालीराम, तुम बड़े अजीब-अजीब तरीके अपनाकर हमारा ध्यान हमारे गलत निर्णयों की ओर आकर्षित कराते हो। महाराज ने उसी समय तेनालीराम को पाँच सौ स्वर्ण मुद्राएं पुरस्कार के रूप में देने का ऐलान किया और उस निर्दोष माली की फांसी की सजा को भी माफ कर दिया।

44

बैठो पीठ पर

एक दिन महाराज कृष्णदेव राय की अंगूठी का बहुमूल्य हीरा महल में कहीं खो गया। महाराज बहुत परेशान हुए। उन्होंने तुरंत महल के सेवकों और सैनिकों को हीरा खोने की बात कहीं और आदेश दिया कि हीरा ढूंढ़ने के लिए महल का कोना-कोना छान मारे। सैनिक-सेवक महल में हीरा तलाशने में जुट गए। वह हीरा महाराज को किसी पहुँचे हुए संत ने दिया था और कहा था कि जब तक यह हीरा तुम्हारे पास रहेगा, तुम शत्रुओं पर विजय पाते रहोगे। मगर हीरा खो गया तो महाराज के मस्तिष्क में तरह-तरह की शंकाएं उभरने लगीं।

दोपहर तक जब हीरा न मिला तो उन्होंने बेचैन होकर घोषणा कर दी, जो भी उस हीरे को ढूंढ़कर लाएगा, उसे मुंह मांगा पुरस्कार दिया जाएगा। महल में हीरे की खोज तो चल ही रही थी। संयोग से हीरा महल के जमादार को मिल गया। तब जाकर महाराज की चिंता दूर हुई। उन्होंने जमादार से कहा- मांगों क्या मांगते हो, हम तुम्हें मुंह-मांगा इनाम देंगे।

जमादार सोचने लगा कि क्या मांगें। उसे कुछ भी समझ नहीं आया तो वह बोला - अन्नदाता मुझे कल तक का समय दें। महाराज ने उसकी बात मान ली।

उसी दिन मंत्री के दिमाग में एक खुरापात सूझी। उसने तुरंत सेनापति को बुलाकर कहा - "किसी भी तरह उस जमादार को फुसलाओ और उसे कुछ धन देकर कहो कि कल वह सम्राट से तेनालीराम की पीठ

पर बैठकर बाजार की सैर करने की इच्छा जाहिर करे। महाराज ने चूंकि मुंह–मांगा इनाम देने की घोषणा की है, इसलिए इंकार नहीं कर सकेंगे।

"वाह–वाह क्या बात कही है?" सेनापति प्रसन्न हो उठा। उसने अपने कक्ष में जाकर तुरंत जमादार को बुलाया।

"तुम कल महाराज से क्या मांगोगे?"

समझ नहीं आ रहा सेनापति जी क्या मांगू? सेनापति ने तुरंत स्वर्ण मुद्राओं से भरी एक थैली उसकी ओर बढ़ा दी और बोला- ये लो, इसमें हजार स्वर्ण मुद्राएं हैं। तुम्हें महाराज से वही मांगना है जो हम कहें। "क्या?" जमादार ने पूछा।

सेनापति ने उसे अपनी बात बताई। सुनकर जमादार डर गया। "अगर हमारी बात नहीं मानोगे तो जान से हाथ धो बैठोगे।" भयभीत होकर जमादार ने हामी भर दी।

दूसरे दिन महाराज ने उसे बुलाकर पूछा – "बोलो क्या मांगते हो?"

"महाराज!" हाथ जोड़कर वह डरते-डरते बोला – "मैं तेनालीराम की पीठ पर बैठकर बाजार घूमना चाहता हूँ।"

क्या बकते हो? महाराज दहाड़े – तुम होश में तो हो।

मैं यही चाहता हूँ महाराज – जमादार बोला।

ठीक है तुम जाओ, कल दरबार में हाजिर होना – महाराज बोले।

महाराज क्या करते, वो वचन में बंधे थे। मजबूरी थी, अतः मन मसोसकर उन्होंने तेनालीराम को बुलाया। महाराज ने सारी उलझन उन्हें बताई – फिर पूछा – "हम तो बड़ी उलझन में फंस गए हैं तेनालीराम तुम्हीं बताओ हम क्या करें?"

आप बिल्कुल भी चिन्ता न करें महाराज!" तेनालीराम ने कहा आपको क्या करना है, अब तो जो करना है मुझे करना है। आप कल दरबार लगने दें। मैं सब ठीक कर दूंगा।

दूसरे दिन दरबार लगा तो जमादार नए वस्त्र पहनकर दरबार में उपस्थित हुआ। वह गुमसुम था। तेनालीराम उठे और पूरे दरबार को संबोधित करते हुए बोले – "बन्धुओं! महाराज की अंगूठी का हीरा ढूंढ़ने के एवज में जमादार ने मेरी पीठ पर बैठकर बाजार घूमने की इच्छा

व्यक्त की है। मैं महाराज के वचन की लाज रखकर इसे अपनी पीठ पर बैठाकर बाजार घुमाने ले जाऊंगा, फिर वह जमादार से मुखातिब होकर बोले - "आओ बैठो मेरी पीठ पर।"

सुनते ही जमादार आगे बढ़ा और तेनालीराम के गले में बांहें डालकर उनकी पीठ पर सवार होने लगा।

"ठहरो - ये क्या बेहूदगी है?" तेनालीराम ने उसे डपटते हुए कहा- तुमने मेरी पीठ पर बैठकर सैर करने की बात कही थी, गले में हाथ-डालने की नहीं। पीठ पर बैठो- बिना कुछ पकड़े।

क्षण भर में ही दरबार का माहौल बदल गया।

मंत्री और सेनापति के दमकते चेहरे बुझ गए। "सोच क्या रहे हो पीठ पर बैठते हो या नहीं।" अचानक तेनालीराम ने कड़क कर पूछा।

"बिना सहारे के पीठ पर कैसे बैठा जा सकता है?" जमादार रुआंसा-सा हो उठा।

कैसे बैठा जा सकता है? ये भी उससे पूछो- जिसके कहने पर तुमने मेरी पीठ पर बैठकर घूमने की बात कही थी। तेनालीराम गुर्राया।

जमादार की नजर फौरन सेनापति की कुर्सी की ओर उठी, मगर वह वहाँ नहीं था। जमादार फूट-फूटकर रोने लगा, फिर लपककर उसने महाराज के पैर पकड़ लिए - मुझे क्षमा कर दें, महाराज। मुझे जान से मारने की धमकी दी गई थी।" कहते हुए उसने महाराज को पूरी बात बता दी। महाराज सेनापति की करतूत सुनकर आग बबूला हो उठे - मंत्री जी। हम पांच दिनों के लिए सेनापति को दरबार से मुअत्तल करते हैं। छठे दिन उन्हें दरबार में आकर तेनालीराम से माफी मांगनी पड़ेगी, तभी वे अपना आसन ग्रहण कर सकेंगे। कहकर महाराज सिंहासन से उठ खड़े हुए, जिसका अर्थ था कि दरबार की कार्यवाही समाप्त।

45

दक्षिणा

विजय नगर में एक अपाहिज और गरीब ब्राह्मण रहता था। चूंकि वह पैरों से अपाहिज था, इसलिए उसकी रोजी रोटी का कोई ठिकाना न था। उसने कई बार महाराज कृष्णदेव राय के दरबार में सहायता पाने के लिए गुहार लगायी, किन्तु राजपुरोहित ने कभी उसकी बात को सिरे से नहीं चढ़ने दिया। वह न जाने क्यों उस अपाहिज से जलता था?

एक दिन किसी ने उसे सलाह दी कि तुम तेनालीराम के पास चले जाओ, वे तुम्हारे लिए अवश्य ही कुछ न कुछ करेंगे। तब साहस करके वह एक दिन तेनालीराम के पास पहुँचा और उसे पूरी बात बताई।

तेनालीराम ने बड़ी गंभीरता से उसकी बात सुनी। क्षण भर कुछ सोचा, फिर उसके कान में कोई बात कहकर विदा किया। उस दिन महाराज नर्मदा के तट पर महर्षि आश्रम जाने वाले थे, क्योंकि गुप्तचर की सूचना के अनुसार वहाँ कोई सिद्ध संत आने वाले थे। इस यात्रा पर तेनालीराम को भी जाना था। तेनालीराम इस यात्रा के लिए राजमहल जाने की तैयारी कर ही रहे थे कि वह अपाहिज ब्राह्मण आ गया। उसे विदा करके तेनालीराम घर से निकले तो उन्हें याद आया कि यात्रा के लिए पानी का प्रबंध उन्हें ही करना है, क्योंकि उन दिनों गर्मी का मौसम था और भीषण गर्मी पड़ रही थी। अतः पानी का प्रबंध करते हुए तेनालीराम राजमहल जा पहुँचे।

उनके जाते ही काफिला चल पड़ा। आश्रम की दूरी लगभग दस कोस थी। पांच-छह कोस चलने के बाद महाराज ने पड़ाव डालने की

आज्ञा दी। आमों के छायादार वृक्षों के नीचे पड़ाव डाला गया। सभी ने हाथ-मुंह धोकर भोजन प्रारंभ किया। अभी भोजन चल ही रहा था कि न जाने कैसे पानी की गोल लुढ़क गई और देखते ही देखते पीने का सारा पानी बह गया। अब?

सभी परेशान, सभी के हाथ-मुंह भोजन से सने थे। महाराज ने हुक्म दिया, फौरन पीने के पानी की तलाश की जाए। सारे सैनिक और दरबारी पानी की तलाश में इधर-उधर फैल गए। मगर वहाँ दूर-दूर तक पानी का नामो-निशान भी नहीं था।

तभी एक दरबारी आकर बोला - महाराज! दक्षिण दिशा में एक कुटिया में ठंडे पानी से भरे छह घड़े रखे हैं किन्तु कुटिया खाली है।

"तो क्या हुआ?" प्यास से बेचैन एक मंत्री बोला - सम्राट के लिए कौन पानी को मना कर सकता है? अधिक होगा तो मूल्य चुका देंगे। मंत्री की बात से सभी सहमत हो गए। वे सभी कुटिया पर गए और हाथ-मुंह धोकर पानी पीने ही लगे थे कि कुटिया का मालिक आ गया। पुरोहित ने उसे देखा तो चिढ़ गया। वह वही गरीब ब्राह्मण था जिसकी सहायता, याचना में राजपुरोहित अड़ंगे लगाता रहता था। वहाँ आकर वह हाथ जोड़कर राजदरबारियों को पानी पीते देखता रहा। जब सब पानी पी चुके थे तो मंत्री ने उस गरीब ब्राह्मण से कहा - हमें प्यास लगी थी, आस-पास कहीं पानी न मिला तो तुम्हारा पानी पी लिया। इसका जो मूल्य चाहे ले लो।

बोलो क्या मूल्य लोगे?

गरीब ब्राह्मण कुछ बोलता, उससे पहले ही राजपुरोहित बोल पड़ा - इससे क्या पूछना, दो चार टके दे दो। गरीब ब्राह्मण बड़ी नम्रता से हाथ जोड़कर महाराज से बोला- नहीं महाराज, मैं पानी का मूल्य नहीं लूंगा। हाँ, पानी को प्रसाद समझकर आप इस गरीब ब्राह्मण को कुछ दक्षिणा देना चाहें तो आशीर्वाद समझकर स्वीकार कर लूंगा।

महाराज ने मुस्कराकर तेनालीराम की ओर देखा, तब तेनालीराम ने कहा- यह गरीब ब्राह्मण ठीक ही कहता है महाराज! इस संकट की घड़ी में पानी का मिलना भगवान् का प्रसाद मिलने के समान ही है। अतः प्रसाद की दक्षिणा भी राजकुल के अनुरूप ही होनी चाहिए।

महाराज ने तुरंत अपने गले से मणिमाला उतारकर गरीब ब्राह्मण को दे दी। पुरोहित कसमसाकर रह गए। मंद मुस्कान होंठों पर बिखेरे तेनालीराम राजपुरोहित को कुढ़ते देखकर आनन्दित हो रहे थे।

46

भगवान् का संदेश

एक बार महाराज कृष्णदेव राय के मन में एक विशाल शिवालय बनवाने की इच्छा उपजी। उन्होंने मंत्री को बुलाकर आदेश दिया कि शिवालय के लिए कोई उपयुक्त स्थान खोजे। इसके लिए मंत्री ने नगर के समीपवर्ती जंगल में एक भूखण्ड को चुना। तुरंत ही उस स्थान की सफाई का कार्य प्रारंभ हो गया। जब उस स्थान की सफाई की जाने लगी तो वहाँ किसी पुराने शिवालय के खण्डहर मिले, जिनकी खुदाई करने पर वहाँ से भगवान् शंकर की सोने की एक प्रतिमा मिली।

सोने की उस ठोस मूर्ति को देखकर मंत्री के मन में लालच आ गया और उसने उसे उठाकर चुपचाप अपने घर पहुँचवा दिया। वहाँ खुदाई करने वाले मजदूरों में तेनालीराम के आदमी भी थे। उन्होंने इस बात की जानकारी तुरंत तेनालीराम को दी। सुनकर तेनालीराम चुप रहा और मौके का इन्तजार करने लगा। उधर भूमि पूजन के बाद शिवालय का निर्माण कार्य शुरू हो गया।

एक दिन दरबार लगा हुआ था। तभी महाराज ने एकाएक दरबारियों से पूछा भगवान् की कैसी मूर्ति बनावाई जाए। दरबारी अपनी-अपनी राय देने लगे। महाराज कुछ तय नहीं कर पाए और बात दूसरे दिन के लिए टल गई।

दूसरे दिन जब दरबार लगा तो दरबार में एक जटा जूटधारी संन्यासी ने प्रवेश किया। महाराज ने सिंहासन से उठकर उनका स्वागत किया और आदर सहित आसन दिया।

"राजन्।"

सिंहासन पर न बैठकर संन्यासी बोले – मैं आपकी चिन्ता का निवारण करने भगवान् शिव के आदेश पर यहाँ उपस्थित हुआ हूँ और आपके लिए उनका संदेश लाया हूँ। भगवान् शिव का संदेश – महाराज रोमांचित से हो उठे। यथा-शीघ्र बताएं ऋषिवर क्या संदेश भेजा है भगवान् शिव ने?

"राजन्! मंदिर के लिए भगवान् शंकर ने स्वयं अपनी स्वर्ण निर्मित आदमकद प्रतिमा भेज दी है और इस समय वह मंत्री के घर पर रखी है। उसे वहाँ से उठवाकर मंदिर में प्रतिष्ठित कर दो।

"बम-बम भोले।" कहकर साधु चला गया।

महाराज ने मंत्री की ओर देखा, मंत्री तो पहले ही हकबाया-सा था कि उस साधु को प्रतिमा की बात कैसे पता थी? मगर अब चूंकि पोल खुल चुकी थी। अतः उसने स्वीकार किया कि प्रतिमा खुदाई में प्राप्त हुई थी। तभी महाराज को ध्यान आया और उन्होंने दरबार में चारों तरफ नजरें दौड़ाकर तेनालीराम को ढूंढ़ा, मगर वह वहाँ कहीं भी नजर नहीं आ रहा था। थोड़ा समय ही बीता था कि तेनालीराम वहाँ आ गया। उसे देखकर सभी हंस पड़े। एक सभासद बोला - "महाराज, शायद यही थे वे साधु बाबा। कपड़े और जटा तो उतार आए मगर कंठीमाला उतारना भूल गए। एक बार फिर हंसी का ठहाका गूंजा। अब मंदिर के निर्माण का कार्य तेनालीराम की देख-रेख में होगा।" महाराज ने घोषणा की।

47

शतरंज की चाल

तेनालीराम से जलने वालों की कोई कमी नहीं थी। राजा कृष्णदेव राय के दरबारी तेनालीराम को राजा से दंडित कराने की नई-नई युक्तियां करते किन्तु हर बार उन्हें तेनालीराम की बुद्धिमता के कारण मुंह की खानी पड़ती। जब दरबारी तेनालीराम के हाथों कई बार चोट खा चुके थे तो उन्होंने उससे बदला लेने के लिए एक नई तरकीब सोची। सभी दरबारी यह जानते थे कि तेनालीराम को शतरंज का खेल पसन्द नहीं है, उसे इस खेल से उकताहट होती है जबकि महाराज शतरंज के बेहतरीन खिलाड़ी थे। इस बार दरबारियों ने तेनालीराम की इस कमजोरी का फायदा उठाने का निश्चय किया। अगले ही दिन उनमें से एक दरबारी ने महाराज कृष्णदेव राय से कहा, "महाराज आप तो शतरंज के माहिर खिलाड़ी हैं, फिर भी काफी दिनों से आपने शतरंज का खेल नहीं खेला। इसका कारण क्या है?"

"खेलें कैसे? हमारे दरबार तो क्या पूरे राज्य भर में शतरंज का कोई माहिर खिलाड़ी नहीं है। यही वजह है कि शतरंज के खेल का शौक रखते हुए भी हमें मन मारकर रह जाना पड़ता है।"

यह आप क्या कह रहे हैं महाराज? दरबारी ने गहरा आश्चर्य प्रकट करते हुए कहा।

फिर रहस्योद्‌घाटन-सा करते हुए बोला - इसका तो अर्थ यह हुआ कि अभी आप अपने चहेते दरबारियों के गुणों से पूरी तरह वाकिफ नहीं हैं। क्या मतलब? राजा बोले।

मतलब यह महाराज कि शतरंज का एक कुशल खिलाड़ी तो आपके साथ-साथ रहता है - दरबारी बोला - कौन, किसकी बात कर रहे हो तुम? चौंककर महाराज ने पूछा। महाराज, तेनालीराम शतरंज का एक माहिर खिलाड़ी है, आपका प्यारा भी है। मेरा कहा मानिए तो उसी के साथ कभी-कभी मनोरंजन के लिए शतरंज खेल लिया कीजिए।

"क्या कहते हो? तेनालीराम और शतरंज का खिलाड़ी।" यह जानकर राजा को और अधिक आश्चर्य हुआ। मगर दूसरे ही क्षण उनका चेहरा बुझ गया, बोले - "यदि उसे खेल आता होता, तो बात ही क्या थी? फिर तो रोज ही खेल जमा करता।"

यह आप क्या कह रहे हैं महाराज? दरबारी चौंकने का अभिनय करता हुआ बोला- "तेनालीराम जैसा शतरंज का खिलाड़ी तो आपके पूरे राज्य में नहीं मिलेगा। लेकिन मैंने तो कई बार तेनालीराम से शतरंज खेलने का आग्रह किया, वह हमेशा यही कहता रहा कि मुझे इस खेल का कोई अच्छा ज्ञान नहीं है।" राजा बोले।

"महाराज, आप तो तेनालीराम को जानते हैं वह तो पूरा घाघ है। आप जब उस पर खेलने के लिए दबाव डालेंगे, तभी वह आपके साथ खेलना स्वीकार करेगा।" दरबारी ने खुशामद करते हुए कहा।

ठीक है, कल आप सभी लोग शतरंज का खेल देखने इकट्‌ठे होकर आना। मैं तेनालीराम के पास कल शाम को शतरंज खेलने की सूचना भेजवा देता हूँ। राजा ने कहा, दरबारी तो यही चाहता था। राजा कृष्णदेव राय के दिमाग में चाभी भरकर वह अपने घर चला गया।

दूसरे दिन शाम को राजा ने शतरंज बिछवा दी और तेलानीराम के लाख इंकार करने पर भी उसे जबरदस्ती शतरंज खेलने के लिए बैठा लिया।

तभी सारे दरबारी हंसकर बोल उठे। तेनालीराम जी आप तो शतरंज के माहिर खिलाड़ी हैं और महाराज के साथ खेल रहे हैं, ऐसा शुभ अवसर किसी विरले को ही मिलता है। खूब मन लगाकर खेलिएगा। कहीं महाराज को खुश करने के लिए जान-बूझकर न हारने लगें।

तेनालीराम फौरन समझ गया कि यह इन दुष्ट दरबारियों की ही चाल है। मजबूर होकर तेनालीराम को शतरंज खेलनी पड़ी और उसने अपनी चाल चल दी। थोड़ी देर शतरंज के घोड़े, हाथी घूमते रहे और तेनालीराम बाजी हार गया। तेनालीराम के बाजी हारते ही सभी दरबारियों में एक ठहाका गूंजा।

वे बोले, "तेनालीराम सब जानते हुए भी क्यों मूर्खता कर रहे हो? महाराज जैसे शतरंज के खिलाड़ी को इस तरह खेलने में आनन्द थोड़े ही

आएगा, थोड़ा जमकर खेलो भाई। दरबारियों की यह बात राजा के मन में बैठ गई। वह समझ गए कि तेनालीराम मक्कारी कर रहा है। उन्हें क्रोध आ गया और तेनालीराम से बोले – "तेनालीराम यदि तुम मन लगाकर हमारे साथ शतरंज नहीं खेलोगे तो हम तुम्हें सख्त सजा देंगे।"

'बुरे फंसे' तेनालीराम मन ही मन बुदबुदाया, फिर बोला – महाराज! मुझे वास्तव में इस खेल का सही ज्ञान नहीं है। मैं सच कह रहा हूँ।

"हम कुछ नहीं जानते। अगर तुम दूसरी बाजी भी हार गए तो कल भरे दरबार में मैं तुम्हारा मुण्डन करा दूंगा।" राजा ने गुस्से में कहा।

दूसरी बाजी शुरू हुई, तेनालीराम ने खूब जोर लगाया, अपनी बुद्धि को टटोल-टटोल कर खेला, लेकिन वाह री किस्मत इस बार भी वह राजा से हार गया।

राजा ने झुंझलाकर खेल बंद कर दिया। तेनालीराम के चेहेरे पर उदासी छा गई, लेकिन शत्रु दरबारियों के चेहरे पर प्रसन्नता नाच उठीं। उनकी चाल कामयाब हो गई थी। कल तेनालीराम का तमाशा देखने के ख्याल से वे अपने-अपने घरों को चल दिए।

दूसरे दिन दरबार लगा। दरबार लगते ही राजा ने एक नाई को बुलवाया और आज्ञा दी, "उस्तरे से तेनालीराम का सिर मूंड़ दो।"

नाई राजा का आदेश सुनकर सकपका गया। इतने बड़े आदमी तेनालीराम का सिर वह कैसे मुंड़े? परन्तु राजा का आदेश भी टाला नहीं जा सकता था। नाई वहीं दरबार में बैठकर अपना उस्तरा तेज करने लगा। तभी तेनालीराम बोला – महाराज, एक निवेदन करना चाहता हूँ। हाँ-हाँ जरूर कहिए क्या कहना चाहते हैं? राजा ने पूछा।

महाराज मैंने इन बालों पर पांच हजार सोने की मुहरें उधार ले रखी हैं। मैं जब तक यह कर्जा नहीं चुका देता इन बालों पर मेरा कोई अधिकार नहीं है। ठीक है, पांच हजार सोने की मुहरें लाकर तेनालीराम को दे दी जाएं, राजा ने राज्य के कोषाधिकारी को आदेश देते हुए कहा।

अब तो बात बड़ी बेतुकी हो गई। तेनालीराम को नाई के आगे बैठना ही पड़ा। नाई ने जैसे ही अपना हाथ तेनालीराम के बालों की ओर बढ़ाया तो तेनालीराम ने उसका हाथ रोक दिया और मन ही मन कुछ मंत्रों का जाप करने लगा।

यह देखकर राजा ने कड़ककर पूछा – अब यह क्या ढ़ोंग करने लगे तेनालीराम?

महाराज! यह ढोंग नहीं है। हमारे यहाँ मुंड़न तो माँ–बाप के स्वर्ग सिधारने पर किया जाता है। मेरे माँ–बाप तो दोनों ही स्वर्ग सिधार चुके हैं अब तो आप ही मेरे माँ–बाप हैं, पालक हैं, आपका कुछ अनिष्ट न हो इसलिए़ प्रार्थना कर रहा हूँ। अपने अनिष्ट की बात सुनते ही धर्म–भीरु राजा कृष्णदेव घबरा गए।

बोले, अरे ये तो मैंने सोचा ही नहीं था। तेनालीराम तुम्हें अब अपना सिर मुंड़ाने की कोई आवश्यकता नहीं है। मैं अपना आदेश वापस लेता हूँ।

राजा का इतना कहना था कि सारे दरबारियों के खुशियों पर पानी फिर गया।

"महाराज की जय हो।" कहता हुआ तेनालीराम नाई के आगे से उठकर अपने आसन पर आकर बैठ गया और शत्रु दरबारी मुंह ताकते रह गए।

48

भविष्यवक्ता का भविष्य

बीजापुर के सुल्तान को पता चला कि उसका भेजा जासूस तेनालीराम की सूझ-बूझ के कारण पकड़ा गया और मारा गया।

उसे यह भी पता चला कि विजयनगर के राजा कृष्णदेव राय बीजापुर पर आक्रमण करने की तैयारी में हैं। यह जानकर सुल्तान घबरा गया। वह जानता था कि विजयनगर के कुशल सेनापति के नेतृत्व में उसकी सेना अवश्य हार जाएगी। उसने एक चाल चली। उसने विजयनगर के राज ज्योतिषी को एक लाख रुपये देकर अपनी ओर मिला लिया और कहा कि यह भविष्यवाणी कर दे कि अगर राजा ने एक वर्ष के समाप्त होने से पहले तुंगभद्रा नदी पार की तो उसकी मृत्यु हो जाएगी। तुंगभद्रा नदी दोनों राज्यों के बीच थी। नदी पार किए बिना आक्रमण संभव नहीं था। अतः ज्योतिषी ने एक लाख लेकर भविष्यवाणी कर दी।

राजा ने सुना तो हंस दिए, "मैं नहीं मानता कि इस समय आक्रमण करने में कोई खतरा है।" दरबारियों और सेनापति को अवश्य राजा के प्राणों की चिन्ता थी। उन्होंने राजा से कहा- "महाराज देश और देशवासियों की सुरक्षा आप पर निर्भर है। कम से कम उनका ध्यान रखकर ही आप अपने प्राणों को संकट में न डालें। आप अगर एक साल प्रतीक्षा कर भी लें तो कोई हर्ज नहीं है। आपकी शक्ति के आगे बीजापुर कहाँ टिक पाएगा। लेकिन भाग्य के साथ लड़ाई लड़ना मुश्किल है। आप अभी आक्रमण न करें तो अच्छा है।

इधर रानियों ने भी राजा से मिन्नत की कि बीजापुर पर आक्रमण न करें। अब अपनी समस्या महाराज ने तेनालीराम के सामने रखी।

"मैं बीजापुर पर अभी आक्रमण करना चाहता हूँ, लेकिन रानियों और दरबारियों को नाराज नहीं करना चाहता।"

तेनालीराम भी यही चाहता था, अतः उसने कहा, "हर भविष्यवाणी पर विश्वास नहीं करना चाहिए महाराज। मैं चाहता हूँ कि अगर कोई इस ज्योतिषी की भविष्यवाणी को गलत सिद्ध कर दे तो मैं उसे दस हजार स्वर्ण मुद्राएं दूंगा।" राजा ने कहा।

यह काम आप मुझे सौंप दीजिए, लेकिन एक शर्त है, ज्योतिषि को झूठा सिद्ध करने पर अगर उसे कोई दंड देना पड़ा तो मुझे उसके लिए महाराज क्षमा करेंगे।" तेनालीराम बोला।

"अगर वह झूठ बोल रहा है तो तुम्हें उसे मृत्युदण्ड तक देने का अधिकार देता हूँ।

तेनालीराम ने अपने मित्र सेनापति से मिलकर एक योजना बनाई। अगले दिन तेनालीराम ने ज्योतिषि से राजा के सामने पूछा, "ज्योतिषि, क्या आपकी सभी भविष्यवाणियां सदा सच होती हैं?"

इसमें क्या संदेह है? ज्योतिषी ने कहा, "अगर मेरी एक भी भविष्यवाणी कोई झूठी सिद्ध कर दे तो मैं कैसी भी सजा भुगतने को तैयार हूँ।" तब तो आप जैसे महान् ज्योतिषी को पाकर हमारा देश धन्य है।"

क्या मैं जान सकता हूँ, इस समय आपकी आयु क्या है और आप कितने वर्ष जीएंगें? तेनालीराम ने कहा। "इस समय मेरी आयु 44 वर्ष है। अभी मुझे 30 वर्ष और जीना है। भाग्य के अनुसार मेरी आयु 74 वर्ष है। इसमें एक पल का भी हेर-फेर नहीं हो सकता।" ज्योतिषी बोला।

एकाएक सेनापति की तलवार चमकी और ज्योतिषी का सिर धड़ से अलग होकर पृथ्वी पर आ गिरा। तेनालीराम ने कहा, "आखिर ज्योतिषी की भविष्यवाणी गलत सिद्ध हो गई। बुरा सोचने वाले का बुरा ही होता है। मैं जानता था कि यह आदमी बेइमान है। दूसरों का भाग्य बताने चले थे, महाशय, किन्तु अपनी किस्मत न पढ़ सके।

बाद में ज्योतिषी के घर की तलाशी ली गई तो शत्रु के कई पत्र उसके यहां मिले, जिनसे उसकी देश के प्रति गद्दारी साबित हो गई।

सभी ने तेनालीराम की प्रशंसा की।

राजा ने उसे दस हजार स्वर्ण मुद्राएं दीं और बीजापुर पर आक्रमण कर उसे जीत लिया। उसके बाद उन्होंने गुलबर्गा पर भी अधिकार कर लिया, विजय के बाद राजा वापस लौटे तो बोले, "यह तेनालीराम की बुद्धि का परिणाम है।"

उन्होंने तेनालीराम को स्वर्ण मुद्राओं की एक और बड़ी थैली भेंट की।

49

मक्खीचूस सेठ

राजा कृष्णदेव राय के राज्य में एक कंजूस सेठ रहता था। उसके पास धन की कोई कमी नहीं थी, पर एक पैसा भी जेब से निकालते समय उसे बड़ा कष्ट होता था। एक बार उसके मित्रों ने उसे हंसी-हंसी में एक कलाकार से अपना चित्र बनवाने के लिए राजी कर लिया, उनके सामने तो वह मान गया, पर जब चित्रकार उसका चित्र बनाकर लाया, तो सेठ की हिम्मत न पड़ी की चित्र के मूल्य के रूप में चित्रकार को सौ स्वर्ण मुद्राएं दे दें। उसका मन कलपने लगा।

वह सेठ भी एक तरह का कलाकार ही था। उसे अपने चेहरे का स्वरूप बदलने की कला खूब आती थी। चित्रकार को आया देखकर सेठ झट अंदर गया और कुछ ही क्षणों में अपना चेहरा बदलकर बाहर आ गया। उसने चित्रकार से कहा, तुम्हारा चित्र जरा भी ठीक नहीं बन पड़ा। तुम्हीं बताओ, क्या यह चेहरा मेरे चेहरे से जरा भी मिलता है?

चित्रकार ने देखा, चित्र सचमुच चेहरे से नहीं मिलता था।

सेठ बोला, ''जब तुम ऐसा चित्र बनाकर लाओगे, जो ठीक मेरी शक्ल से मिलता होगा, तभी मैं उसे खरीदूंगा। दूसरे दिन चित्रकार एक और चित्र बनाकर लाया जो हूबहू उस चेहरे से मिलता था, जो सेठ ने बना रखा था, इस बार फिर सेठ से अपना चेहरा बदल लिया और चित्रकार के चित्र में दोष निकालने लगा।

चित्रकार बड़ा लज्जित हुआ। उसकी समझ में नहीं आ रहा था कि इस तरह की गलतियां उसके चित्र में क्यों हो रही है? पहले तो ऐसा

कभी नहीं हुआ। अगले दिन वह फिर एक नया चित्र बनाकर ले गया, पर उसके साथ फिर वही हुआ, जो पहले दो दिनों में हुआ था। चित्रकार ने उसके बाद सेठ के दो-तीन चित्र बनाए, पर हर बार निराश लौटना पड़ा। तब तक सेठ की चाल उसकी समझ में आ चुकी थी।

वह जानता था कि कंजूस सेठ असल में पैसे नहीं देना चाहता, पर चित्रकार अपनी कई दिन की मेहनत भी बेकार नहीं जाने देना चाहता था। जब चित्रकार काफी दुखी हुआ तो तेनालीराम के पास पहुँचा और अपनी समस्या कह सुनाई। कुछ समय सोचने के बाद तेनालीराम ने

कहा – "कल तुम उसके पास एक शीशा लेकर जाओ और कहो कि आपकी बिल्कुल असली तस्वीर लेकर आया हूँ। अच्छी तरह मिलाकर देख लीजिए। कहीं कोई अंतर नहीं मिलेगा। बस, फिर तुम्हारा काम हुआ ही समझो।

अगले दिन चित्रकार ने ऐसा ही किया। वह शीशा लेकर सेठ के यहाँ पहुँचा और उसके सामने रख दिया। लीजिए सेठ जी आपका बिल्कुल सच्चा चित्र। गलती की इसमें जरा भी गुंजाइश नहीं।" चित्रकार ने अपनी मुस्कराहट पर काबू पाते हुए कहा।

लेकिन यह तो शीशा है? सेठ ने झुंझलाते हुए कहा – "आपकी असली सूरत शीशे के अलावा बना भी कौन सकता है? जल्दी से मेरे चित्रों का मूल्य एक हजार स्वर्ण मुद्राएं निकालिए।" चित्रकार बोला।

सेठ ने चित्रकार से पूछा – ये तरकीब तुम्हें किसने बतायी?

चित्रकार ने तेनालीराम का नाम लिया।

सेठ समझ गया कि यह सब तेनालीराम की सूझ-बूझ का ही परिणाम हो सकता है। उसने झट एक हजार स्वर्ण मुद्राएं चित्रकार को दे दी।

50

सपने सच नहीं होते

एक बार राजा कृष्णदेव राय ने सपने में एक बहुत ही सुन्दर महल देखा जो अधर में लटक रहा था। उसके अन्दर के कमरे रंग-बिरंगे पत्थरों से बने थे। उन पत्थरों से रोशनी की किरणें फूट रही थीं, इसलिए महल में रोशनी के लिए दीपक या मशालों की जरूरत नहीं थी। मन में सोचता तो प्रकाश हो जाता था और जब मन में सोचा कि अंधेरा हो जाए तो अंधेरा हो जाता था।

उस महल में सुख और ऐश्वर्य के अनोखे साधन भी मौजूद थे। धरती से महल में पहुँचने के लिए भी केवल सोचना भर था। आँख बंद करके मात्र इच्छा करने की देर थी कि व्यक्ति महल में होता।

दूसरे दिन महाराज कृष्णदेव राय ने राज्य में घोषणा करवा दी कि जो भी ऐसा महल बना देगा उसे एक लाख स्वर्ण मुद्राएं दी जाएंगी।

सारे राज्य में राजा के सपने की चर्चा होने लगी। जिसने भी सुना, वही राजा की बुद्धि पर तरस खाने लगा। अधिकांश लोगों की यही राय थी कि कभी सपने भी सच होते हैं? परन्तु प्रत्यक्ष रूप से राजा को यह बात कहने की हिम्मत किसी में नहीं थी।

महाराज ने अपने राज्य के सभी कारीगरों को बुलवाया, सबको उन्होंने अपना सपना सुना दिया। कुशल व अनुभवी कारीगरों ने महाराज को बहुत समझाया कि महाराज! यह तो कल्पना की बातें हैं। इस तरह का महल नहीं बनाया जा सकता। लेकिन महाराज के सिर पर

तो वह महल भूत की तरह सवार था। वह अपनी बात से टस से मन नहीं हुए।

कुछ धूर्तों ने इस बात का लाभ उठाया। उन्होंने राजा से इस तरह का महल बना देने का वादा कर काफी धन बटोर लिया। जिन दिनों यह चर्चा विजयनगर में जोरों पर थी, उन दिनों तेनालीराम अवकाश लेकर भारत भ्रमण पर निकले हुए थे।

इधर सभी मंत्री बेहद परेशान थे। महाराज को समझाना कोई आसान काम नहीं था। अगर उनके मुंह पर सीधे-सीधे कहा जाता कि वह बेकार के सपने में उलझे हुए हैं तो महाराज के क्रोधित हो जाने का भय था। मंत्रियों ने आपस में सलाह की और बहुत सोच-विचार के बाद यह फैसला लिया गया कि इस समस्या को तेनालीराम के अलावा और कोई नहीं सुलझा सकता। अब राजगुरु, सेनापति, सभी तेनालीराम के लौटने का इंतजार करने लगे। मगर कई दिन गुजर गए तेनालीराम नहीं आए। एक दिन रोता-चिल्लाता एक बूढ़ा व्यक्ति महाराज कृष्णदेव राय के दरबार में उपस्थित हुआ।

दुहाई है महाराज! दुहाई है। महाराज के आसन के सामने जाकर वह बोला - "रक्षा करो। आपके राज्य में ऐसा अन्याय, यह तो गरीब पर अत्याचार है महाराज।

"क्या कहते हो?" राजा एक झटके से सिंहासन से उठ खड़े हुए। किसने किया है तुम पर अन्याय? किसने सताया है तुम्हें? फरियादी! साफ-साफ उसका नाम बताओ और निश्चिंत रहो। अब तुम राजा कृष्णदेव राय के दरबार में आ गये हो। तुम्हारे साथ पूरा न्याय किया जाएगा।

"मैं लुट गया, महाराज। राज कर्मचारियों ने मेरे पूरे जीवन की कमाई हड़प ली। मेरे छोटे-छोटे बच्चे हैं, अब मैं उनका भरण-पोषण कैसे करूंगा?

क्या? क्या हमारे कर्मचारी ने तुम पर अत्याचार किया? हमें उसका नाम बताओ। हमारे नाम पर प्रजा पर जुल्म करने वालों की हम खाल खिंचवा देंगे। राजा ने क्रोध में कहा।

नहीं, महाराज मैं झूठे ही आपके किसी कर्मचारी को क्यों बदनाम करूं। बूढ़ा बोला।

तो फिर क्यों नहीं कहते क्या परेशानी है?

महाराज अभयदान पाऊं तो कहूं। बूढ़े ने कहा।

निर्भय रहो तुम्हारा बाल भी बांका नहीं होगा। राजा ने विश्वास दिलाया।

महाराज, कल रात मैंने सपने में देखा कि आप स्वयं अपने कई मंत्रियों और सैनिकों के साथ मेरे घर पधारे हैं और मेरा संदूक उठवा कर अपने खजाने में रखवा लिया। उस संदूक में मेरी जीवन भर की कमाई थी, पांच हजार स्वर्ण मुद्राएं। उस बूढ़े व्यक्ति ने सिर झुकाकर कहा।

विचित्र मूर्ख आदमी हो तुम! कभी सपने भी सच हुआ करते हैं? राजा ने क्रोधित होते हुए कहा।

आपने ठीक कहा महाराज। सपने सच नहीं हुआ करते, सपना चाहे अधर में लटके हुए अनोखे महल का ही क्यों न हो और चाहे उसे महाराज ने ही क्यों न देखा हो, सच नहीं हो सकता।

राजा हैरान होकर उस बूढ़े को देखने लगे।

दरबारी भी हैरान और स्तब्ध थे कि कौन है यह बदतमीज बूढ़ा, जो ऐसा दुःसाहस कर रहा है। मगर शीघ्र ही उन्हें उनके प्रश्न का उत्तर मिल गया। देखते ही देखते उस बूढ़े ने अपनी नकली दाढ़ी, मूंछ और पगड़ी उतार दी।

तेनाली! तेनाली। सभी दरबारियों के मुंह से निकला। इससे पहले कि महाराज कुछ कहते तेनालीराम ने कहा महाराज! आप मुझे अभयदान दे चुके हैं। महाराज हंस पड़े और इसके बाद कभी सपने के महल की बात नहीं की।

51

बंद आंखों का जादुई करिश्मा

एक बार विजयनगर के दरबार में एक जादूगर आया। वह जादूगर कम और हाथ की सफाई दिखाने वाला कलाकार अधिक था। राजदरबार में उसने कई तरह के खेल दिखाए। पत्थरों को स्वर्ण मुद्राओं में बदल दिया। अपने हाथों से अपना सिर काटकर राजा को दिखाया। उसके करिश्मे देखकर पूरे दरबार में वाह-वाह होने लगी। लोगों की बेपनाह प्रशंसा पाकर वह कुछ गुरूर में आ गया और अकड़कर बोला - महाराज! आपके राज्य में ऐसा कोई कलाकर है जो मेरा मुकाबला कर सके।

महाराज चुप रहे। क्या जवाब देते? वास्तव में फिलहाल ऐसा कोई कलाकार नहीं था जो उसका मुकाबला कर पाता। उन्हें चुप देखकर कलाकार और गरूर में आ गया और बोला - "महाराज, मैं चुनौती देता हूँ कि आपके राज्य में जो भी कलाकर मुझे हराएगा, उसके सामने अपना सिर हाजिर कर दूंगा।" महाराज की भाँति दरबारी भी चुप बैठे थे। किंतु तेनालीराम भला कहाँ चुप बैठने वाले थे। वे अपने स्थान से उठकर बोले - "अरे ओ कलाकार ज्यादा बढ़-चढ़कर बातें न बना। जो करिश्मा मैं बंद आँखों से कर सकता हूँ, वह तुम खुली आँखों से नहीं कर सकते।"

उसके मुकाबले तेनालीराम को खड़े देखकर महाराज के चेहरे की रौनक लौट आई। उन्हें तेनालीराम पर पूरा भरोसा था कि वह उनकी प्रतिष्ठा पर आँच नहीं आने देगा।

तेनालीराम और उसकी खूबियों से अभी जादूगर वाकिफ नहीं था, अतः अकड़कर बोला- क्या बात करते हो, ऐसा कौन-सा करिश्मा है जो तुम बंद आँखों से कर सकते हो और मैं खुली आँखों से नहीं कर सकता? ठीक है तुम अपना करिश्मा दिखाओ, अगर मैं हार गया तो मेरा सिर तुम्हारे सामने हाजिर होगा।

"ठीक है।" तेनालीराम ने उसकी चुनौती स्वीकार कर ली और एक सेवक को बुलाकर कान में कुछ कहा। आदेश पाते ही सेवक चला गया। कुछ देर बाद वह एक प्याला लेकर हाजिर हुआ, जिसमें पिसी हुई लाल मिर्च भरी थी। तेनालीराम ने अपनी आंखें बंद कीं और मिर्च की मुट्ठी

भर अपनी आँखों पर डाल लीं। फिर झाड़कर बोला, अब यह तुम खुली आँखों से करके दिखाओ या अपनी हार स्वीकार करो।

कलाकार तो उसका करिश्मा देखकर पहले से ही हतप्रभ था। उसकी सिट्टी-पिट्टी गुम हो चुकी थी। आँखें खुली रखकर ऐसा करिश्मा तो उसके फरिश्ते भी नहीं कर सकते थे।

तेनालीराम मुंह धोने चला गया। कलाकार स्तब्ध खड़ा रह गया। तेनालीराम ने वापस आकर कहा - ''अब तुम भी खुली आँखों से ऐसा करके दिखाओ। कलाकार आगे बढ़ा और सिर झुकाकर बोला - मेरा सिर हाजिर है, मैं ऐसा करिश्मा नहीं कर सकता। मुझे तुम्हारा सिर नहीं चाहिए। मैं तुम्हें एक शर्त पर क्षमा कर सकता हूँ। तुम्हें मुझे वचन देना होगा कि जीवन में कभी अपनी कला का घमंड नहीं करोगे। ''मैं वचन देता हूँ।'' कलाकार ने कहा और सामान समेटकर चलता बना।

तेनालीराम की सूझ-बूझ देखकर महाराज ही नहीं दरबारी भी प्रसन्न हुए।

52

भैरव-बूटी

एक बार किसी मुस्लिम सियासत का सुक्का नामक एक पहलवान विजयनगर में आ घुसा। वह सुबह शाम नगर के मुख्य चौराहों पर लंगोट घुमाता और जब भीड़ इकट्ठी हो जाती तो ललकार कर कहता- है कोई विजयनगर में ऐसा, जो सुक्का पहलवान से दो-दो हाथ करे-जीते तो सुक्का से गुलामी कराए, हारे तो सुक्का का गुलाम बने - है कोई।

सुक्का पहलवान, पहलवान क्या हाथी था। उसके भयंकर डील-डौल और मजबूत पुट्ठे देखकर विजयनगर के किसी पहलवान की इतनी हिम्मत नहीं हुई कि उसकी चुनौती स्वीकार करे। जब कई दिन गुजर गए तो बात महाराज कृष्णदेव राय के कानों तक पहुंची। वे कुछ विचलित हो उठे। उन्होंने तुरंत सेनापति को बुलाकर पूछा - क्या हमारे राज्य में ऐसा कोई पहलवान नहीं जो सुक्का पहलवान का गरूर तोड़ सके? राज्य की व्यायामशाला पर जो लाखों रुपये प्रति वर्ष खर्च होता है, वह व्यर्थ है क्या?

सेनापति सिर झुकाए खड़ा रहा। वह बोलता भी क्या। वह तो स्वयं सुक्का पहलवान की ताकत देख चुका था। वह पक्की ईंटों को दोनों हाथों से गाजर-मूली की तरह तोड़ देता था। पत्थर को नींबू की तरह मुठ्ठी में मसल देता था। मजबूत से मजबूत दीवार में कंधे की ठोकर मार दे तो उसे धराशायी कर दे। ऐसा बली था।

सेनापति की खामोशी देख वे बोले - "ये राज्य की प्रतिष्ठा का प्रश्न है।" तुरंत राजदरबारियों को मंत्रणा के लिए बुलाया जाए। आपात बैठक हुई, मगर सुक्का की चुनौती का जवाब नहीं मिला, सभी

दरबारियों ने एक स्वर में कहा महाराज, राज्य में कोई ऐसा पहलवान नहीं है जो सुक्का को हरा सके।

महाराज निराशापूर्ण स्वर में बोले – "क्या हार मान लें। उसे दरबार में बुलाकर उपहार आदि देकर सम्मानपूर्वक विदा करें कि तुम जैसा कोई पहलवान हमारे राज्य में नहीं।

सारे दरबारी महाराज की बात सुनकर चुप हो गए और सिर झुका लिया, मानो उनके निर्णय पर मौन स्वीकृति दे रहे हों।

लेकिन तभी तेनालीराम बोला – महाराज ऐसा नहीं होगा। आशापूर्ण नजरों से महाराज ने तेनालीराम की ओर देखा और कहा – "कौन लड़ेगा उससे?"

"मैं लडूंगा।" सीना ठोककर तेनालीराम ने कहा।

"रहने दो तेनालीराम।" व्यंग्य से मुस्कराकर राजपुरोहित ने कहा – वह तुम्हारी चटनी बना देगा।

हाँ तेनालीराम! यह मजाक की बात नहीं है। महाराज ने कहा – कहां वह हाथी जैसा और कहां तुम दुबले-पतले कोई और उपाय सोचो ताकि इज्जत बच जाए।

"और कोई उपाय नहीं है।" तेनालीराम ने कहा – 'कम से कम लोग ये तो नहीं कहेंगे कि विजयनगर में सुक्का की ललकार सुनकर कोई सामने नहीं आया। आप ऐलान करवा दें महाराज – आज से एक सप्ताह बाद मैं उससे जोर आजमाऊंगा।

महाराज को विवश होकर तेनालीराम को स्वीकृति देनी ही पड़ी।

मंत्री, सेनापति और राजपुरोहित मन ही मन बहुत खुश हुए कि चलो, तेनालीराम ने स्वयं ही अपनी मौत को दावत दे दी। अब इसका किस्सा तो खत्म ही समझो।

अगले ही दिन विजयनगर में यह समाचार फैल गया कि तेनालीराम ने सुक्का पहलवान की चुनौती स्वीकार कर ली है।

सुनने वाले चकित रह गए। तेनालीराम के हितैषियों में तो घबराहट फैल गई। कुछ लोगों को तो सम्राट पर भी क्रोध आया कि इस बेमेल जोड़ी को उन्होंने अपनी स्वीकृति कैसे दी। बहुत से लोग तो तेनालीराम को समझाने उसके घर भी गए। मगर वह घर मिला ही नहीं।

पांचवें दिन विजयनगर में एक और अफवाह फैली कि तेनालीराम कृष्णा नदी के किनारे बने भैरव मंदिर में भैरव की साधना कर रहा है।

यह अफवाह सुक्का ने भी सुनी तो वह कुछ डर गया। उसने सुन रखा था कि भैरव अथाह शक्ति वाले देवता हैं और जिस पर मेहरबान हो जाए उसके दुश्मनों को रसातल में मिला देते हैं। बस, यह बात मन में आते ही उसे ढेरों आशंकाओं ने घेर लिया। उसके मन में आया कि जाकर देखा जाए कि तेनालीराम कैसी साधना कर रहा है। वह उसी रात

लुकता-छिपता मंदिर जा पहुंचा। वहां जाकर उसने जो नजारा देखा, उसे देखकर उसके पसीने छूट गए।

उसने देखा कि साक्षात् भैरव तेनालीराम को गोद में बैठाकर अपने हाथों से कुछ जड़ी-बूटी खिलाते हुए कह रहे थे - "ले बेटा खा, ये भैरव बूटी है। इसे खाने से तू ऐसी शक्ति का स्वामी बन जाएगा कि पहाड़ भी तेरे स्पर्श से थर्राने लगेगा। यदि तू किसी को ठोकर मार देगा तो वह सैकड़ों योजन दूर जाकर गिरेगा।

ये देखकर सुक्का पहलवान उल्टे पांव वहां से दौड़ लिया। वह अपने ठिकाने पर आया और अपना सामान लेकर वहां से कूच कर गया।

सातवें दिन जब सुक्का पहलवान को सैनिक उसके ठिकाने पर बुलाने पहुंचे तो पता चला कि वह तो दो दिन पहले ही विजयनगर से रफूचक्कर हो गया है।

महाराज ने हैरत से तेनालीराम को देखा तो उसने पूरी बात बताई और कहा - महाराज! यदि अपने से अधिक शक्तिशाली को शिकस्त देनी हो तो ताकत से अधिक अक्ल से काम लेना चाहिए।

महाराज ने तेनालीराम को गले लगा लिया और बोले - तेनालीराम तुम रत्न हो हमारे दरबार के, हमें तुम्हारी बुद्धि पर गर्व है।

53

तेनाली का तोहफा

एक बार महाराज कृष्णदेव शत्रु देशों की सेनाओं को युद्ध में हराकर अपने राज्य में वापस लौटे। उनकी जीत की खुशी में सारे राज्य में ढोल–नगाड़े बजाकर उनका स्वागत किया गया। अगले दिन राजदरबार लगा तो नगर के धनी लोग कीमती तोहफे लाकर राजा को भेंट करने लगे। दरबार के कर्मचारियों ने भी जीत की खुशी में कीमती उपहार भेंट किये। तभी महाराज ने तेनाली से पूछा – तेनाली हमारी जीत की खुशी में क्या तुम हमें भेंट नहीं दोगे?

जी महाराज, मैं आपको कल अवश्य भेंट दूंगा। आज मेरी भेंट तैयार हो रही है तेनाली बोला। "लगता है, तुम हमें सबसे कीमती भेंट दोगे।" महाराज ने प्रसन्न होकर कहा।

मेरी कोशिश तो यही है महाराज कि आपकी तरह ही अनमोल भेंट आपको दूं। अगली प्रातः दरबार लगा हुआ था। महाराज कृष्णदेव ने तेनाली के बारे में पूछा। तभी तेनाली दरबार में हाजिर हुआ।

"कहां है हमारी भेंट तेनाली?" महाराज ने तुरंत ही तेनाली से पूछा। "यह रही आपकी भेंट महाराज।" तेनाली ने अपने सेवक के हाथों से एक गमला लेकर महाराज को देते हुए कहा।

ये क्या लाए हो तेनाली, यह नीम का पेड़? तुम तो कहते थे, तुम्हारी भेंट सबसे अनमोल होगी। क्या हम तुम्हें नीम की तरह कड़वे लगते हैं? राजा ने क्रोधित होकर कहा।

नहीं, नहीं महाराज। मेरे तोहफे की खासियत ऐसी है कि जब आप सुनेंगे तो आपका क्रोध शांत हो जाएगा। तेनाली विनम्रता से बोले। महाराज नीम के पेड़ का तोहफा देने के पीछे मेरी भावना यह थी कि नीम का पेड़ लम्बी उम्र वाला होता है, अतः मैं चाहता हूं कि आपकी भी दीर्घायु हो। नीम के पेड़ से रोग दूर भागते हैं। अतः आपसे भी शत्रु रूपी रोग सदा दूर रहे। नीम के पेड़ की शीतल छाया मन को शांति देती है, अतः आपकी छत्रछाया में राज्य की सुख-शांति बनी रहे। महाराज, मेरे तोहफे का अभिप्राय यही था। तेनाली ने बताया। तेनालीराम की गूढ़ बातें सुनकर महाराज गद्‌गद होकर बोले – 'तेनाली सच में तुम्हारा ही तोहफा सबसे अनमोल है।' उन्होंने नीम के पौधे को बाग में लगाने का आदेश दिया और तेनाली को गले लगा लिया। तेनाली के विरोधी दरबारी तेनाली की प्रशंसा से ईर्ष्या करने लगे।

54

तेनाली के तरबूज

एक बार महाराज कृष्णदेव राय के पास उनका एक दूर का रिश्तेदार मिलने आया। महाराज ने उसकी बहुत आव-भगत की। यह सब देखकर वह रिश्तेदार बहुत खुश हो गया। तभी उसकी नजर राजभवन में एक दीवार पर लगे तरबूज के चित्र पर गई। उसने अगले दिन राजदरबार में महाराज से अपने दिल की बात बताकर कहा - महाराज बहुत दिन से मीठे तरबूजों के दर्शन भी नहीं हुए। अपने कर्मचारियों को आदेश दें कि तरबूज के दर्शन करा दें। उस रिश्तेदार ने सोचा कि जब कोई कर्मचारी तरबूज लेकर आएगा तो उसे खाने की इच्छा प्रकट कर देंगे। महाराज ने अपने सभी विश्वासपात्रों को तरबूज लाने को कहा। बेमौसम में तरबूज की मांग से सभी के पसीने छूट गए फिर भी सभी ने आसपास के क्षेत्रों सहित पूरे नगर में तरबूज ढूंढ़ने की पुरजोर कोशिश की। तरबूज तो नहीं मिला अपितु जहां भी उन्होंने बेमौसमी फल की मांग की तो वहां सभी हंसी के पात्र जरूर बन गए।

अंत में सभी निराश होकर राजदरबार में लौट आए और महाराज से कहा, क्षमा करें महाराज! हमने तरबूज की नगर-नगर और गांव-गांव में बहुत तलाश की, मगर तरबूज कहीं भी नहीं मिला। तरबूज के दर्शनों की चाह पूरी करने के लिए अतिथि महोदय को कुछ समय तक रुकना पड़ेगा।

अपने सभी कर्मचारियों के ऐसे वचन सुनकर महाराज को बेहद निराशा हुई। एक लंबी सांस लेते हुए उन्होंने कहा - ऐसा कोई नहीं

जो हमारे मित्र को तरबूज के दर्शन करा सके। तभी किसी ने तेनाली का नाम सुझाया तो महाराज ने कहा – तेनाली हम तुम्हें एक दिन का समय देते हैं। कल तक तुम हमें और हमारे अतिथि को तरबूज के दर्शन अवश्य कराओगे, अन्यथा हम तुम्हें कड़ा दंड देंगे।

राजदरबारियों ने जब ये सुना तो वो सभी खुश हो गए। उन्होंने सोचा हमेशा तेनाली अपनी चतुराई से पुरस्कार पाता है, अब इस बेमौसमी फल के कारण उसे अवश्य दंड मिलेगा।

अगली प्रातः तेनाली राजदरबार में हाजिर हुआ तो उसके साथ एक सेवक तरबूजों से भरी टोकरी लेकर खड़ा था। जब महाराज ने सुंदर तरबूज देखे तो वो बेहद खुश हो गए। उन्होंने अपने अतिथि को कहा देखो, कितने सुंदर तरबूज हैं।

जी महाराज मैं भी देख रहा हूं, बहुत सुंदर हैं। अतिथि ने गद्‌गद होकर कहा।

'जल्दी से इन्हें काटकर हमें खिलाओ तेनाली।' महाराज अधीर होकर बोले।

तेनाली विनम्रता से बोला, महाराज आपके आदेशानुसार मैं केवल तरबूज दिखाने के लिए लाया हूं, खाने के लिए नहीं। ये मिट्‌टी के बने तरबूज हैं। भला इस बेमौसम में तरबूज तो क्या उनकी बेल भी नहीं मिलेगी।

तेनाली की यह बात सुनकर महाराज और अतिथि शर्मिंदा हो गए। अपना मान रखने के कारण महाराज ने तेनाली को पुरस्कार देकर विदा किया।

55

शिल्पी की अद्भुत मांग

जब महाराज कृष्णदेव राय पड़ोसी राज्य उड़ीसा पर विजय प्राप्त करके लौटे थे तो पूरे विजयनगर में हर्ष की लहर दौड़ गई। महाराज ने पूरे राज्य में विजयोत्सव मनाने का ऐलान किया। दरबार में रोज ही नए-नए कलाकार आकर अपनी-अपनी प्रतिभा का प्रदर्शन कर राजा से उपहार प्राप्त करते थे।

महाराज के मन में आया कि इस अवसर पर विजय स्तम्भ की स्थापना करवानी चाहिए। फौरन एक शिल्पी को यह कार्य सौंपा गया। जब विजय स्तंभ बनकर पूरा हुआ तो उसकी शोभा देखते ही बनती थी। शिल्प कला की यह अनूठी मिसाल थी।

जब विजय स्तंभ बनकर पूरा हो गया तो महाराज ने प्रधान शिल्पी को बुलाकर उसका पारिश्रमिक देकर कहा - इसके अतिरिक्त हम तुम्हारे कार्य से प्रसन्न होकर तुम्हें और भी कुछ देना चाहते हैं, जो चाहो, सो मांग लो।

अन्नदाता, सिर झुकाकर प्रधान शिल्पी बोला - आपने मेरी कला की इतनी प्रशंसा की है कि अब मांगने को कुछ भी शेष नहीं बचा। बस आपकी कृपा बनी रहे, यही मेरी अभिलाषा है।

नहीं-नहीं कुछ तो मांगना ही होगा। महाराज ने हठ पकड़ ली।

दरबारी शिल्पी को समझाकर बोले - अरे भई, जब महाराज अपनी खुशी से तुम्हें पुरस्कार देना चाहते हैं तो तुम इंकार क्यों करते हो, जो जी चाहे मांग लो, ऐसे मौके बार-बार नहीं मिलते।

मगर शिल्पकार बड़ा ही स्वाभिमानी था। पारिश्रमिक के अतिरिक्त और कुछ भी लेना उसके स्वभाव के बिल्कुल विपरीत था। किंतु सम्राट भी जिद पर अड़े थे। आज तेनालीराम उपस्थित नहीं थे, जो मामले को आसानी से निपटा सके।

जब शिल्पकार ने देखा महाराज नहीं मान रहे हैं तो उसने औजारों का थैला खाली करके महाराज की ओर बढ़ा दिया और बोला – महाराज

अगर आप कुछ देना ही चाहते हैं तो मेरे इस थैले को संसार की सबसे बहुमूल्य वस्तु से भर दें।

महाराज ने यह बात सुनकर मंत्री की ओर देखा, मंत्री ने सेनापति की ओर देखा। सेनापति ने राजपुरोहित की ओर देखा। राजपुरोहित कुर्सी पर बैठे, सिर झुकाए अपने हाथ का नाखून कुतर रहे थे। पूरे राजदरबार में नजरें घुमाने के बाद महाराज एक दीर्घ निःश्वास छोड़कर रह गए।

क्या दें इसे? कौन सी चीज दुनिया में सबसे अनमोल है? अचानक उन्होंने पूछा – तुम्हारे थैले को हीरे-जवाहरातों से भर दिया जाए?

हीरे-जवाहरातों से बहुमूल्य भी कोई वस्तु हो सकती है महाराज- शिल्पकार बोला। अब तो महाराज को क्रोध-सा आने लगा, पर वे क्रोध भी नहीं कर सकते थे। अचानक महाराज को तेनालीराम की याद आई। उन्होंने तुरंत एक सेवक को तेनालीराम को बुलाने भेजा। कुछ देर बाद ही तेनालीराम दरबार में हाजिर हुआ। रास्ते में उसने सेवक से सारी बात मालूम कर ली थी।

तेनालीराम के आते ही महाराज ने पूछा – तेनालीराम संसार में सबसे बहुमूल्य वस्तु कौन-सी है?

यह लेने वाले पर निर्भर करता है महाराज। कहकर तेनालीराम ने राजदरबार में चारों तरफ दृष्टि दौड़ाकर पूछा – यहां किसे चाहिए संसार की सबसे बहुमूल्य वस्तु?

मुझे शिल्पकार ने झोला उठाकर कहा – मुझे चाहिए संसार की सबसे बहुमूल्य वस्तु।

मिल जाएगी – झोला मेरे पास लाओ।

शिल्पकार तेनालीराम की ओर बढ़ने लगा।

दरबार में सन्नाटा छा गया था। वे जानना और देखना चाहते थे कि संसार की सबसे बहुमूल्य वस्तु कौन-सी है।

तेनालीराम ने शिल्पी के हाथ से झोला लेकर उसका मुंह खोला और तीन-चार बार ऊपर नीचे किया। फिर उसका मुंह बांधकर शिल्पकार को देकर बोला - लो, मैंने इसमें संसार की सबसे बहुमूल्य वस्तु भर दी है।

शिल्पकार प्रसन्न हो उठा। उसने झोला उठाकर महाराज को प्रणाम किया और दरबार से चला गया।

महाराज सहित सभी दरबारी हक्के-बक्के से थे कि तेनालीराम ने उसे ऐसी क्या चीज दी थी जो वह इस कदर खुश हो गया है। उसके जाते ही महाराज ने पूछा - तुमने झोले में तो कोई वस्तु नहीं भरी थी, फिर शिल्पकार चला कैसे गया।

कृपानिधान! तेनालीराम हाथ जोड़कर बोला - आपने देखा नहीं, मैंने उसके झोले में हवा भरी थी। हवा संसार की सबसे बहुमूल्य वस्तु है। इसके बिना प्राणी जीवित नहीं रह सकता। किसी कलाकार के लिए तो हवा का और भी महत्व है। कलाकार की कला को हवा न दी जाए तो कला और कलाकार दोनों ही दम तोड़ देंगे।

वाह, महाराज ने तेनालीराम की पीठ थपथपाई और अपने गले की बहुमूल्य माला उतारकर तेनालीराम के गले में डाल दी।

56

लालच नहीं स्वामीभक्ति

एक बार महाराज कृष्णदेव राय ने किसी बात से प्रसन्न होकर तेनालीराम को परात भर स्वर्ण मुद्राएं भेंट कीं और साथ ही यह भी कह दिया कि तेनालीराम स्वयं इन स्वर्ण मुद्राओं से भरी परात को उठाकर दरबार से जाएंगे।

स्वर्ण मुद्राओं से भरी वह परात काफी भारी थी। दरबारी मन ही मन हंस रहे थे कि आज बेचारे तेनालीराम का जुलूस निकलेगा, क्योंकि स्वर्ण मुद्राओं से भरी परात वह किसी भी सूरत में नहीं उठा पाएगा। तेनालीराम ने कोशिश की, मगर वह उस परात को हिला भी नहीं पाया। अचानक उसे एक युक्ति सूझी, उसने अपनी पगड़ी खोलकर फर्श पर बिछाई और जितनी स्वर्ण मुद्राएं उसमें आ सकती थीं, भरकर उसकी एक पोटली बना ली। बाकी स्वर्ण मुद्राएं उसने अपनी जेबों में भर लीं। फिर पोटली को झोली की भांति पीठ पर लादा और चल दिया।

उसकी सूझ-बूझ देखकर सभी दरबारी चकित रह गए। वे तो सोच रहे थे कि तेनालीराम का मजाक उड़ाएंगे, मगर हुआ उल्टा ही। तभी महाराज ने ताली बजाकर 'वाह-वाह' कहते हुए उसकी सूझ-बूझ की प्रशंसा की, उनका अभिनंदन करने के लिए जैसे ही तेनालीराम घूमा, वैसे ही उसकी जेब थोड़ी-सी उघड़ गई और कुछ स्वर्ण मुद्राएं बिखर गई।

तेनालीराम ने गठरी और परात एक ओर रखी तथा बैठकर स्वर्ण मुद्राएं उठाने लगा। कितना लालची है, अचानक पुरोहित ने चुटकी ली-एक परात स्वर्ण मुद्राएं मिली हैं, फिर भी दो-चार के लिए परेशान हो

रहा है। दरबारी भी मजा लेने लगे। कोई कहता - अरे देखो, एक उधर भी है, उधर कुर्सी के नीचे - उधर देखो, अपनी दाईं तरफ। इसी प्रकार उससे जलने वाले दरबारी उसे नचा रहे थे।

तभी मंत्री ने महाराज से फुसफुसाकर कहा - ऐसा लालची आदमी मैंने अपने जीवन में नहीं देखा। महाराज को भी दो-चार स्वर्ण मुद्राओं के लिए तेनालीराम का इस प्रकार नाचना अच्छा न लगा। दरबारियों द्वारा उसका मजाक उड़ाते देख महाराज का मूड उखड़-सा गया और वे

तनिक चिढ़कर बोले -- अब बस भी करो तेनालीराम। इतना लालच भी अच्छा नहीं होता। क्या तुम्हें परात भर स्वर्ण मुद्राओं से संतोष नहीं हुआ, जो दो-चार स्वर्ण मुद्राओं के लिए इतने व्याकुल हो रहे हो?

बात वो नहीं है, अन्नदाता जो सब लोग सोच रहे हैं। तेनालीराम हाथ जोड़कर बोला- सभी स्वर्ण मुद्राओं पर आपका चित्र और नाम अंकित है, मैं नहीं चाहता कि ये किसी की ठोकरों में आएं या झाड़ू से बुहारी जाएं।

तेनालीराम का ये उत्तर मजाक उड़ाने वाले दरबारियों के गाल पर तमाचे की तरह जाकर लगा और अगले ही पल पूरे दरबार में सन्नाटा छा गया। महाराज पहले तो गंभीर हो गए, फिर एकाएक ही मुस्करा उठे और बोले - तेनालीराम की स्वामीभक्ति अद्‌भुत है। इन्हें एक परात भर स्वर्ण मुद्राएं और दी जाएं तथा दोनों परातों की स्वर्ण मुद्राएं सावधानी से इनके घर पहुंचाई जाएं।

57

पकड़ा गया शेर

तेनालीराम कई दिन बाद अपने गांव गया तो पता चला कि गांव वाले एक शेर के कारण बहुत दुखी हैं। शेर जंगल से भागकर गांव में आ गया था और पास ही झाड़ियों में छिपकर रह रहा था। गांव के कई लोगों को उसने अपना शिकार बनाया था।

जब तेनालीराम घर पहुंचा, तो एक बूढ़े आदमी ने कहा - अरे, तेनालीराम तुम्हारी चतुराई के चारों ओर खूब चर्चे हैं तो तुम शेर के आतंक से गांव वालों को क्यों नहीं बचाते?

तेनालीराम चकराया। बोला - लेकिन शेर को तो शिकारी पकड़ेंगे। मैं भला इसमें क्या कर सकता हूं? हाँ, वापस राजदरबार जाऊंगा तो किसी कुशल शिकारी को यहां भेज दूंगा, जो आप लोगों को शेर के आतंक से मुक्त कराए।

तब तक तो यह दुष्ट शेर और कईयों को अपना शिकार बना लेगा। जो तुमसे हो सकता है करो। तुम्हारे लिए यह इतना मुश्किल तो नहीं है - उस बूढ़े आदमी ने थोड़ी नाराजगी से कहा। गांव में एक युवक तेनालीराम से बहुत जलता था। उसने तीखे कटाक्ष के साथ कहा - अरे रहने दीजिए इनकी चतुराई तो राजमहल में ही चलती है, गांव में आते ही सारी चतुराई हवा हो जाती है। यह भला क्या करेंगे और क्यों करेंगे?

तेनालीराम कुछ बोला नहीं, चुप रहा। अगले दिन उसने पता लगाया कि शेर अक्सर गांव की बाहरी सीमा पर पूर्व से पश्चिम की ओर जाता है। वहीं उसके पैरों के निशान थे। ज्यादातर गांव वालों को यह बात पता

थी, इसलिए अब वे उधर नहीं जाते थे। पर अनजान लोगों को यह सब पता नहीं था और वे शेर के चंगुल में फंसकर मर जाते थे। रोज कोई न कोई हादसा हो जाता था।

तेनालीराम ने कुछ देर सोचा। फिर कहा - कुछ नौजवान हाथ में लाठी, रस्सी और फावड़ा लेकर मेरे साथ चलें। मैं देखना चाहता हूं, वह जगह कौन-सी है? शेर नहीं तो जरा शेर के पांवों के ही दर्शन कर लूं। सुनकर सब मुस्कुराए।

आखिर तेनालीराम सबके साथ उस जगह पहुंचा, जहां शेर ने ज्यादातर लोगों का शिकार किया था। उसने चारों तरफ नजरें दौड़ाई, फिर बीच में एक जगह गड्ढा खोदने के लिए कहा। फिर उस गड्ढे को घास-फूस और झाड़ियों से अच्छी तरह से ढक दिया। गड्ढे के दूसरी ओर एक बकरी को बांध दिया गया। फिर सब एक ऊंचे मचान पर बैठ गए।

थोड़ी देर में ही शेर के आने की आहट सुनकर बकरी मिमयाने लगी। बकरी जितनी तेजी से मे-मे चिल्ला रही थी, शेर भी उतनी ही तेजी से पूंछ उठाए उसकी ओर चला जा रहा था पर थोड़ा आगे आते ही अचानक गड्ढे में उसका पैर पड़ा और वह धप्प से उसमें गिर गया। उसी समय झटपट गांव के जवान लाठियां लिए हुए आए और शेर को बांधकर एक जंगल में छोड़ आए। फिर जंगल और गांव के बीच बड़े-बड़े कंटीले तार लगवा दिए गए।

कुछ दिन बाद छुट्टियां खत्म होते ही तेनालीराम अपने गांव से राजदरबार पहुंचा। तब तक शेर को पकड़ने का किस्सा भी विजयनगर में पहुंच चुका था। राजा कृष्णदेव राय ने तेनालीराम से पूछा - सुना है तेनालीराम तुमने गांव में कोई शेर पकड़ा है, तुम्हें डर नहीं लगा?

तेनालीराम हंसकर बोला - महाराज यहां राजदरबार में ऐसे-ऐसे महान शूरवीरों के व्यंग्य बाण झेलता हूं और उन्हें भी बर्दाश्त करता हूं। तो फिर भला जंगल का एक अदना-सा शेर मेरा क्या बिगाड़ लेता? सुनकर महाराज हंस पड़े, परन्तु मंत्री और राजदरबारी कुछ झेंप गए थे।

58

सबसे बड़ा भिखारी

एक दिन राजा कृष्णदेव राय कुछ दरबारियों के साथ घूमने निकले। राजधानी के बाजारों और मंदिरों के सामने भिखारियों की भीड़ थी। उन्होंने आकर दरबारियों से पूछा, तो वे बोले – "महाराज, विजयनगर में भिखारियों की संख्या काफी बढ़ती जा रही है।

सुनकर राजा चौंके। फिर बोले – तो क्या हमारी शासन व्यवस्था ठीक नहीं है। भला इतने लोगों को भीख क्यों मांगनी पड़ रही है?

सुनकर सब चुप। किसी की समझ में नहीं आया कि इस सवाल का क्या जबाव दिया जाए?

कुछ देर बाद राजा ने तेनालीराम को बुलाकर कहा तेनालीराम, जरा पता लगाओ कि हमारे राज्य में भिखारियों की संख्या इतनी क्यों बढ़ती जा रही है।

तेनालीराम बोला – महाराज, मुझे इसके लिए सात दिन की छुट्टी चाहिए।

क्यों? राजा ने पूछा।

इसलिए महाराज कि मैं भी भीख मांगकर थोड़ी कमाई कर लूं। फिर आपके सवाल का जवाब भी ढूंढ़ लूंगा – तेनालीराम बोला।

सुनकर राजा हंस पड़े। बोले – ठीक है तेनालीराम, पर सात दिन के अंदर मेरे सवाल का जवाब मिलना चाहिए।

एक-एक करके छह दिन बीत गए। राजा को उत्सुकता थी कि भला तेनालीराम कर क्या रहा है। उन्होंने दरबारियों से पूछा तो सभी मुंह फेरकर हंसने लगे। आखिर पुरोहित ने कहा - महाराज, वाकई तेनालीराम भीख मांग रहा था, हमने खुद अपनी आंखों से देखा था।

हाँ, महाराज तेनालीराम बहुत जिद्दी हो गया है। अब तो उसे राजदरबार की प्रतिष्ठा की भी परवाह नहीं है - मंत्री ने कहा।

राजा को क्रोध आ गया। बोले - अच्छा तो अब तेनालीराम ने भीख मांगना भी शुरू कर दिया। राजा अपनी बात पूरी कर पाते इससे पहले भिखारियों का एक दल वहां आ गया। उनमें से आगे वाला भिखारी बोला - महाराज, अभी भीख मांगना कहां सीख पाए हैं? भीख मांगकर

पहले तो गुजारा ही कहां होता है? फिर उसमें न जाने किस-किस का हिस्सा?

किसका हिस्सा - राजा ने पूछा।

इसका उत्तर तो हम नहीं राज्य का सबसे बड़ा भिखारी दे सकता है, जो हम सबसे भीख मंगवाता है।

कौन है सबसे बड़ा भिखारी? राजा ने चिल्लाकर कहा। यह मंत्री जी बताएंगे। महाराज, यह भिखारी पता नहीं क्या उल्टा-सीधा बोल रहा है। आप इसकी बात मत सुनिए - मंत्री ने आग बबूला होकर कहा।

ठीक है महाराज, आप उस भिखारी की बात मत सुनिए, पर मेरी बात तो आपको माननी पड़ेगी। कहते-कहते आगे खड़े तेनालीराम ने अपना फटा चोगा उतारा, तो सामने तेनालीराम खड़ा था। देखकर राजा चकराए। तेनालीराम बोला - महाराज, इतने समय से भिखारियों के बीच रहकर मैंने सबसे बड़ा भिखारी खोज लिया है। मंत्री जी बताइए कि उन्होंने उसे कहां छुपा दिया है, वरना तो....

सुनकर मंत्री के चेहरे की हवाइयां उड़ने लगीं। उसने मान लिया कि उसका दूर का रिश्तेदार रघुराज दूसरों से भीख मंगवाकर कमाई कर रहा है। राजा ने रघुराज को गिरफ्तार कर लिया। देखते ही देखते राज्य से भिखारी गायब हो गए। मंत्री को कड़ी फटकार पड़ी। उसने आगे से गलत लोगों का साथ न देने की भी कसम खाई। हर कोई तेनालीराम की प्रशंसा कर रहा था।

59

बच्चों का मेला

एक बार राजा कृष्णदेव राय के दरबार में गोपमपुर के एक बड़े विद्वान आए। वह दूर-दूर के कई राज्यों की सैर करके आए थे। राजा ने उन्हें अपनी यात्रा के अनुभव बताने के लिए कहा।

राजा कृष्णदेव राय उनसे अलग-अलग राज्यों के खान-पान, पहनावा और अतिथियों का सम्मान करने के विचित्र रिवाजों के बारे में सुनते रहे। फिर उन्हें ढेर सारी स्वर्ण मुद्राएं देकर विदा किया।

अगले दिन राजा ने दरबार में कहा - क्या आप लोगों को लगता है कि वाकई दुनिया में इतने अजीबों गरीब रीति-रिवाज है और लोग होश में रहते हुए इतने अटपटे काम कर लेते हैं, मुझे विश्वास नहीं होता।

तेनालीराम मुस्कराया। बोला - हां महाराज यह बात सच है कि लोग रीति-रिवाज के नाम पर कुछ भी करने को राजी हो जाते हैं, भले ही वह देखने में विचित्र लगे।

राजा बोले - इस पर तो कभी देखकर ही यकीन आ सकता है।

ठीक है महाराज - कुछ समय बाद मिलनीपुर का मेला लगने वाला है। उसे देखने चलें तो गांव वालों के रीति-रिवाज भी देख लेंगे।

कुछ दिन बाद मिलनीपुर का मेला लगा। राजा कृष्णदेव राय भी तेनालीराम, मंत्री, पुरोहित और दूसरे प्रमुख दरबारियों के साथ वहां पहुंचे। गांव वाले बड़े आदर से उन्हें सभा मंडप तक ले गए। मिलनीपुर का मुखिया आकर बोला - राजा हमारे खास मेहमान हैं। हम अपने खास

मेहमान का बड़े अलग ढंग से स्वागत करते हैं। इस पर तेनालीराम हंसकर बोला – आप लोग इस बात की चिंता न करें।

थोड़ी ही देर में उनकी पत्नी अपनी सहेलियों के साथ आई। सभी ने जानवरों के बड़े-बड़े मुखौटे पहने हुए थे। सभी के हाथों में जल से भरे घड़े थे। उन पर फूलों से बने पंख रखे थे। स्त्रियों ने पंखों को पहले जमीन पर छुआया, फिर घड़े में डुबोकर राजा पर जल छिड़का। कई बार यही हुआ, राजा को अजीब लगा पर भला क्या कहते।

इतने में ही गांव के कुछ बुजुर्ग लोगों ने आकर राजा को एक पीले रंग की बड़ी सी पोटली भेंट कीं, जिनमें से लकड़ी के हाथी, घोड़े, हिरन, भालू और सुंदर गुड्डे-गुडियां झांक रही थी। उनमें से एक ने कहा – महाराज ये हमारे गांव के नन्हे बच्चों के खिलौने हैं, पर इनमें

गांव की ममता है। आप इन्हें राजधानी में जाकर वहां के बच्चों में बांट दें तो पूरे राज्य में खुशहाली आएगी।

राजा ने वह पोटली संभालकर रख ली, हालांकि उन्हें थोड़ा अटपटा लग रहा था। जब राजा लौट रहे थे, तो गांव वालों की दी हुई पोटली को रथ में बड़े जतन से अपने पास ही रखा हुआ था। तेनालीराम ने उसे देखकर कहा - महाराज, इस बड़ी सी पोटली को यहीं क्यों न छोड़ दिया जाए।

नहीं-नहीं मैं इन्हें खुद अपने हाथों से राजधानी के बच्चों को बाटूंगा। आखिर गांव वालों की भावना का हमें सम्मान करना चाहिए। राजा मुस्कराए।

अगले ही दिन राजा ने आसपास के छोटे बच्चों को महल में बुलवाया। उन्हें बड़े प्यार से गांव के बच्चों के खिलौने भेंट किए। साथ ही सबको एक-एक सुंदर उपहार अपनी ओर से दिया। बच्चों ने मस्ती से झूमते-नाचते हुए एक से एक सुंदर गीत सुनाए। महाराज सुनते-सुनते हंसने लगे।

तेनालीराम ने धीरे से महाराज से कहा - महाराज आज तो लगता है, आप भी बचपन में पहुंच गए।

इस बार राजा कृष्णदेव राय हंसते हुए बोले- तुम्हारी बात तो ठीक थी, तेनालीराम। गांव वालों के रिवाज तो अटपटे थे, पर उनमें रस था। इसलिए तो आज यहां बच्चों को मेला-सा जुड़ गया।

60

श्रद्धांजलि

एक दिन तेनालीराम को एक विषैले सर्प ने काट लिया। सर्प बड़ा ही जहरीला था और तेनालीराम के बचने की कोई उम्मीद नहीं थी। अंतिम समय में तेनालीराम की इच्छा अपने मित्र और महाराज कृष्णदेव राय से मिलने की थी। उसने एक व्यक्ति को यह संदेश लेकर महाराज के पास भेजा कि तेनालीराम अंतिम सासें गिन रहे हैं और मरने से पहले आपके दर्शन करना चाहते हैं।

महाराज उस व्यक्ति की बात सुनकर हंस पड़े – "आज फिर उसने मजाक करने का स्वांग भर लिया। एक बार पहले भी वह हमें इसी प्रकार मूर्ख बना चुका है। उससे कहना, मजाक छोड़ें और दरबार में आए।

"क्षमा करें महाराज!" हाथ जोड़कर वह व्यक्ति बोला- "यह मजाक नहीं, बिल्कुल सत्य है। उन्हें विषैले साँप ने काट लिया है।"

हाँ–हाँ, क्यों नहीं इस बार विषैले साँप ने तो काटना ही था, क्योंकि पहले की तरह रहस्यमय बीमारी का बहाना तो इस बार चलने से रहा। वह बहुत चतुर है, हम मानते हैं, किन्तु इस बार हम उसके झांसे में आने वाले नहीं हैं। तुम जा सकते हो। उस व्यक्ति ने वापस आकर तेनालीराम को सारी बात बता दी। तेनालीराम की आँखों में आंसू आ गए – "भाग्य की कैसी विडम्बना है – झूठा आदमी जब सच बोलता है तो कोई उस पर विश्वास नहीं करता। मैं जानता हूँ कि जब महाराज को मेरी मृत्यु का समाचार मिलेगा तो वे बहुत दुखी होंगे। खैर मरते समय मुझे इस बात का संतोष है कि मैं जीवन भर महाराज का कृपापात्र बना रहा। और फिर! कुछ देर बाद ही तेनालीराम चल बसा। मरते समय उसके

होंठों पर मुस्कान थी। शायद मरते-मरते भी उन्हें जीवन का कोई सुखद क्षण याद आ गया था।

उधर महाराज ने सोचा- जो व्यक्ति उसकी मृत्यु शैया पर होने की खबर लेकर आया था, वह बड़ा ही गमगीन लग रहा था, कहीं उसकी खबर सच तो नहीं थी। यह विचार मन में आते ही महाराज उससे मिलने चल दिए, किन्तु उनके पहुँचने से कुछ क्षण पूर्व ही तेनालीराम ने प्राण त्याग दिए थे।

"क्या? क्या यह सचमुच मर गया?" महाराज स्तब्ध रह गए नहीं-नहीं, यह नाटक कर रहा है, देखो इसके चेहरे पर कैसी मुस्कान है, बोलते-बोलते महाराज का गला रुंध गया, फिर पागलों की भाँति वे उसे झंझोड़ने लगे। उठो-उठो तेनालीराम उठो, अपने मित्र से बात करो, कुछ तो कहो, तुम मरे नहीं हो, तुम जैसे जिन्दा-दिल इंसान कभी नहीं मरा करते। तुमने जीवन भर मुझे हंसाया है, अब मुझे रुलाकर मत जाओ मित्र, तुम चले गए तो कौन हंसाएगा हमें? महाराज उसके सीने पर सिर रखकर बच्चों की भाँति रोने लगे। सबने महाराज को सांत्वना दी।

विजयनगर में सात दिन का राजकीय शोक घोषित कर दिया गया। दूसरे दिन राजकीय सम्मान के साथ तेनालीराम का अंतिम संस्कार किया गया। राजा की आँखें भरी हुई थीं और वे सोच रहे थे - क्या अब कभी कोई दूसरा तेनालीराम इस धरती पर पैदा होगा? शायद नहीं, कभी नहीं, उस जैसा अनोखा, विदूषक अब इस संसार में कभी पैदा नहीं होगा। सोचते हुए उनकी आँखों से आंसू बहते रहे। वे दरबारी जो तेनालीराम के कट्टर आलोचक थे, उनकी आँखों में भी आंसू थे। विजयनगर की पूरी जनता आंसू बहा रही थी और ये आंसू ही उस अनोखे विदूषक को सच्ची श्रद्धांजलि थी।